現場発

災害時に子どもを支える

私に、あなたにできること

伊藤 駿、中丸 和

はじめに……2
第一章　子どもと一緒に被災したら……8
——抱える困難と支援の実践例
第二章　被災時の学校……23
——教職員と教育委員会の困難
第三章　子ども支援を考える皆さんへ……47
——何ができる？　どうすればいい？
第四章　子どもを支える——未来へ……68
おわりに……78

岩波ブックレット No. 1105

はじめに

本書は、災害が発生したとき、子どもたちがどのような状況に置かれ、また周囲の大人がどのような対応を求められるのか、そしてそうした人たちをどのように支えることができるのかということを考えていくものです。

第一章の冒頭でも述べるように、毎年のように災害は発生し、甚大な被害を及ぼしています。そしてそれは、自然災害に限らず、原発事故や感染症の流行とそれに伴う社会的分断、独善的な思想に発した戦争など、人災と言っても過言ではない現象にも我々は直面し、対応を迫られています。まさにＶＵＣＡ（Volatility・Uncertainty・Complexity・Ambiguity）の時代であり、それを前提にした社会システムの構築が急務と言えるでしょう。私たちは、こうした人災を含む災禍に関連して蓄積される一連の教育学研究を、「災禍の教育学」と呼んでいます。

そうした災禍の教育学というものを考えたとき、読者の皆さんの頭にまず浮かぶのは「防災教育」ではないでしょうか。というのも、子どもの頃から年に一回以上はなんらかの避難訓練を受けたでしょうし、災害が起こるたびに防災の必要性がメディアで取り上げられ、場合によっては防災グッズが品薄になります。私（伊藤）も自宅、研究室、さらには自家用車の中に防災グッズを常備していますし、その重要性には強く同意します。ただ、残念なことにどれだけ我々が防災意識を高めたとしても、災害は発生してしまいますし、その影響もすぐに解消されることはありません。言うなれば、無傷ではいられないのです。そしてその傷の大きさには大小があり、さらにいえば、見えるものもあれば見えないものもあります。本書の中心テーマである「子ども」は、この傷が比較的見えにくく、さらにその傷を癒す役割が、自身も傷ついている家庭や学校に押し付けられてきたのではないか。本書を貫く問題意識はここにあります。

被災地の問題を、被災地だけの問題にしない

私は東日本大震災以降、被災地支援と呼ばれる活動に取り組んできました。二〇一一年四月に関東の大学に入学予定であった私（一九九三年生まれ）は、合格発表の二日後に震災が発生し、高校生ながら対応に追われました。例えば原発事故による電力不足の指摘により始まった計画停電の影響で大学のホームページのサーバーも落ちてしまい、入学手続きをどうしたら良いのか、そもそも入学ができるのか、ただそんなこと言ってられる状況でもないしな、などと考えていました。このときは自転車で二〜三時間かけて大学まで向かい手続きをしました。電気が切れていて安全のために、大学の職員たちは教室の外に机を出して紙の手続き書類を記入されていました。他方で、周りの同年代や少し上の世代が被災地支援に積極的に取り組む様子を見て、自分も何かできることからやろうと思い、最初は宮城県南三陸町、その後は福島県飯舘《いいたて》村や南相馬市などでボランティアを続け、今でもお邪魔させていただいています。

ただ、そうした中で、二〇一三〜一四年くらいから、少しずつ違和感を覚えるようになりました。被災地の報道が減っていく中でボランティアに通い続けていると、原発事故の避難が続いている福島県浜通りと自分が普段生活している地域の雰囲気のギャップに、恐ろしさすら覚えるようになりました。また、震災のことを話していると「あのときは大変だったよね」と過去の話として語られる場面も増えました。さらに、私は二〇一五年に関東から関西に引っ越したのですが、そこでは、もはや震災はテレビの中の世界の話というように語られるのです。不審者や動物が入らないように人工的な柵で囲われた家や、立ち入れないエリアがまだたくさん福島にはあるのにもかかわらず。

2014年8月の福島県浜通り.
(NPO法人ROJE提供)

当時、被災地が直面する課題として、風化の問題が指摘されていました。しかし、誰が災害のことを忘れるのでしょうか。被災地の人々が震災のことを忘れることはないでしょう。また、「原発いじめ」と呼ばれるような問題や、コロナ禍の特に初期に、感染者に厳しいバッシングをしていたのは誰でしょうか。それは原発事故の被害者でも、また感染者たちでもなく、その外側にいる人たちなのではないでしょうか。「災害と子ども」というテーマも、例えば一章で取り上げているように、いわば社会によるさまざまなプレッシャーを感じながら被災生活を送らなければならない状況が作り上げられているなど、同様の構造的問題が見え隠れします。被災地外にいる私たちができることは小さなことでしかないけれど、被災地が直面している課題は被災地だけの問題ではなく、むしろその解決のためには、被災地外の人たちが変わっていかなければならないのではないか。そのときに教育というものを専門とする私たちが役に立てることがあるのではないか。そう思って現在に至っています。

筆者について

本書は私と中丸の二人で執筆をしています。この「はじめに」、三章、四章、「おわりに」は私が、一章と二章を中丸が執筆しました。ここで私たちの立ち位置についてお話ししておきたいと思います。私はインクルーシブ教育を、中丸は教育における災害復興政策を専門テーマとする研究者です。同時に学部生時代から学生を中心とする団体であるNPO法人ROJE《ロジェ》（正式名称：日本教育再興連盟）で活動を続けており、現在は理事を務めています。それぞれの分掌はありますが、ともに災害と教育に関する事業を担当しており、二〇二〇年以降は災害時の緊急子ども支援活動にも取り組んできました。緊急子ども支援ではNPO法人カタリバと連携協定を締結し、災害直後のニーズ調査や支援活動の立ち上げ、子どもへの直接支援を行っています。

本書の中心となる東日本大震災と令和六（二〇二四）年能登半島地震での活動について述べると、前者については二〇一二年以降に集中的な教育支援（学習支援等）を開始し、より継続的な支援が必要ということで二〇一三年からは恒常的なプロジェクトとしてROJEに位置づけました。後者については、一月三日に物資を詰め込み、四日から被災地入りして支援を行っています。能登半島地震の支援では、翌年度の学校が始まる四月初旬までほぼ毎日子どもや学校への支援を継続し、四月以降も週一～二回のペースで活動を続けています。

以上の理由から、本書では研究者としての私たちと、支援者としての私たちがしばしば交錯します。それが読みにくさにつながってしまっているとすれば、筆者の力不足以外の何ものでもありません。しかしながら、複眼的な視点からこの「災害と子ども」を論じていることこそが本書の特徴でもあります。二人とも専門家と呼ぶには若輩すぎるかもしれませんが、現場では専門性が活かせないもどかしさも感じてばかりですし、同時に自分たちだからこそ考えられることもあるという、この両方の立場をもつことの重要性も実感しています。そこで本書では、どちらかの自分を隠すことなく書くことを意識しました。

本書の構成

まず一章では、災害時に子どもや子育て家庭が直面する課題について、近年のある災害での事例を中心に紹介します。そこで描かれるのは、子どもであるがゆえに支援の対象と見なされなかったり、子どもの抱える課題は家庭で解決すべきという圧力の存在であったりします。

二章では災害時に学校が直面する課題について述べます。東日本大震災を中心に、能登半島地震での事例も取り上げます。学校は避難所になることも多い施設ですが、そうした中であっても教育活動に取り組んだり、子どもたちのケアにあたったりする最前線になります。そこで直面する課題について知っていただくことで、どのような支援を届けられるだろうかということに考えを巡らせていただければと思います。

三章では実際に子ども支援に取り組もうと思ったときにできること、また気をつけなければならないことを紹介します。実際の支援の様子も、能登半島地震の事例から紹介します。

四章では以上の内容をもとに、今後災害時の子ども支援を充実させていくために必要なことを紹介します。それぞれの章でリアリティと実用性を両立させようと努めましたが、紙幅の都合もあり、書ききれていないこともあります。より詳しく知りたいという方は本書で取り上げている文献などにふれて、理解を深めていただければ幸いです。

第一章　子どもと一緒に被災したら――抱える困難と支援の実践例

令和六（二〇二四）年版防災白書によれば、平成二八（二〇一六）年熊本地震、平成三〇（二〇一八）年七月豪雨、令和元（二〇一九）年東日本台風、令和二（二〇二〇）年七月豪雨、令和三（二〇二一）年七月からの大雨、令和四（二〇二二）年台風一四号など、毎年のように大規模災害が発生しています。そして令和六年一月一日には能登半島地震の発生により、甚大な被害が石川県を中心に生じました。

皆さんは「災害」と聞いたとき、何を想像しますか？　東日本大震災や阪神・淡路大震災をはじめとして、冒頭に挙げたような具体的な名称が頭に浮かぶ人がいるかもしれません。他方で地震や津波といった現象をあげる人もいるでしょう。しかしながら、単にそうした我々の生活や社会を脅かす可能性のあるもの（「加害力」）そのものというよりは、それによって実際に社会に被害が生じた場合に、そうした被害がもたらされた状況が「災害」と呼ばれるのです（内閣府 二〇〇七）。つまり、建物や農地等が存在しない土地に津波が到来したとしても人間社会になんら影響を与えないのだとしたら、それは災害とはされません。また、加害力としては前述したような地震や津波などの自然現象に限らず、原子力災害やテロ・戦争、新型コロナのような感染症といったものも含まれます。そして、それらが我々の生活に大きな負の影響を与えてきました。

災害と一口で言ってもそれによってどのような影響や困難が生じるのかは異なる場合も多く、ある特定の災害事例をもとにその影響を一般化することは難しいとも言えます。しかしながら、過去の災害からの教訓を通して少しずつ被害を軽減する努力とその成果が見られてきたのも事実ですし、例えば災害種が異なる場合であっても、子どもたちが直面する困難には共通する部分も多々あります。

本書で取り上げるものの多くは能登半島地震の被災地の事例を中心としつつ、過去の自然災害および原子力災害における事例からの報告です。ですが、過去の（あるいは現在もその影響が続いている）災害事例としてのみならず、今後同様のことが自分や周囲の人々に起こる可能性があることを視野に入れながら、それぞれの立場に想像力を働かせて読み進めていただけたらと思います。

災害直後の〝三日間〟を耐えた後

災害が発生したら、皆さんはどういったことに困ると思いますか。またはどういった状況になると想定して対策をされているでしょうか。まずは発災から三日ほどを生き延びるために、備蓄や避難経路の確認等を行っている方も多くいるかもしれません。二〇二四年八月に「南海トラフ地震臨時情報（巨大地震注意）」が発表された際にも、ＳＮＳではそういった確認や備えを呼びかける投稿が見られました。そうした救助や支援が来るまでの間に命を守るための対策をすることは非常に重要です。災害発生時に命を守るための方法やその備え・しくみを知っておくことや整えておくことは、防災・減災において最も重要なことの一つですが、それらについては手に取りやすい書籍等がたくさんありますので、そちらを参照してみてください（例えば、片田敏孝『人が死なない防災』、東京都『東京くらし防災』など）。

ここからは、そうした災害発生直後に命を守ることができ、とりあえずは数日間生き延びることができた場合の話に焦点を当てていきます。まずは想像してみていただきたいのですが、数日間生き延びることができれば、平常通り生活することができるでしょうか。私たちが支援活動を行っている団体では、能登半島地震が発生した三日後の一月四日から子ども支援活動を行ってきましたが、そこで目の当たりにしているのは、地震発生から三カ月後の三月末に至るまで（そして二〇二四年九月に発生した豪雨の影響もあり地域によっては一〇月現在も）断水が続いていたり、避難生活を余儀なくされている人々が多くいたりするという事実です。

子どもにとっての避難生活

災害直後に命を守ることができたとしても、災害前には当たり前にあったさまざまなことが急に奪われてしまい、慣れない生活を中長期にわたってせざるを得なくなってしまう。この慣れない環境での生活は人々に大きな影響を与えることもあり、それによって体調を崩した結果、死に至ってしまう「災害関連死」も問題となっています。

避難所等に身を寄せて命をいったん守ることができた後も、災害の影響を受けた人々はさまざまな困難に見舞われる可能性が大いにあるのです。災害後の学校に関連する内容は第二章で詳述しますが、本章では特に、避難所での生活の中で子どもや保護者たちがどのような生活を強いられ、どんな困りごとが発生するのかを述べていきたいと思います。

避難所での生活は、可能な限り快適な環境を作るために、以前に比べてさまざまな工夫が施されるようになってきてはいます。しかしそれでも現状、①プライバシーの確保が難しく周囲の目を気にしながら生活せざるを得ず、多くのストレスがかかる、②集中して学習する場を確保できない、③大きく身体を動かしたり、子どもたち同士で集まって遊んだりすることができる場がないといった状況に子どもは直面します。特に③の「遊び」という行為は、さまざまな年齢層の方々が避難している場では周囲の人の目を気にするあまり、保護者としても子どもたちがそうした行為をすることを制限せざるを得なかったという声も多々聞いてきました。この周囲の目が気になるということは、障害のある子どもが余震のたびに「ごめんなさい、ごめんなさい」と謝って自身の頭を強く叩き続けてしまうこと(田中 二〇一六)などの不適切と周囲に思われる行動をしてしまい、避難所にいることが難しかったという事例にも通ずるものがあります。

また、災害の規模が大きくなるほど、被災地の学校は一時的あるいは中長期的に休業をせざるを得なくなります。これには校舎が被災して教育活動に使用するには危険である場合のほか、学校が避難所として使用されているために教育活動の場が確保できないといった理由もあります。

子どもたちは夏休みなどの長期休みを除いて、平日の日中を学校で過ごすことが日常のため、学校に通うことができなくなると当然、日々の学習の機会が減少します。また学習だけでなく、学校は多くの子どもたちにとっての居場所でもありますが、友人たちや先生に会うことが難しくなってしまいます。さらに学校も含めて、建物や道路等の損壊のほか、復旧・復興過程でも校庭や公園などが仮設住居（あるいは仮設校舎）の建設場所となることで、安全・安心に外で子どもたちが遊ぶことさえ難しい状況になるのです。

こうした状況は、子どもたちの学習の権利や遊ぶ権利が侵害されていると言えます。子どもには誰しも教育を受ける権利（第二八条）および自由に遊ぶことの権利（第三一条）があることが国連子どもの権利条約において確認されており、災害時でもこれらの権利は可能な限り子どもたち特有のニーズに応答しながら保障していかなくてはなりません。学習や遊びなどの発達に重要な機会が災害によって奪われることは、二〇二〇年以降、新型コロナウイルス感染症（COVID-19）の蔓延下に「全国一斉休校」が行われた際にもその問題性が盛んに叫ばれたことでもあります。加えて、特に自然災害などは特定の地域が大きな被害を受けることが多く、その際には単に権利が奪われるということだけでなく、被災地外と比較した際にその機会の格差が生じてしまうということも考慮すべきです。例えば、能登半島地震は大学受験や高校受験間近に発生したため、被災しておらず普段通りに学習に取り組めているライバルがいる中で、思うように勉強に取り組めないことへ大きな不安を抱えている受験生の声がありました。そうしたことは不安を増幅させるだけでなく、実際に進学先の変更や進学自体を諦めることにもつながりかねません。

また、さまざまな人間関係・環境の変化は、地震や津波を目撃・経験したということに重ねて、大きなストレスが子どもたちにかかることになります。そうしたストレスは、見た目上は元気そうに見える子どもであっても十分に影響を受けている可能性があります。

子育て家庭が直面する困難

保護者たちも、子どもを連れての避難所生活や学校の休業等によって、さまざまな影響を受けます。この保護者が受ける影響は、災害時の子どもを支えるということを考えるとき、考慮すべき重要な事項の一つです。というのも、保護者の精神的な不安定さは、子どもに大きな影響があるからです。これまでの研究では、母親のＰＴＳＤと生活上の困難度、子どもの心の状態とが深く関わっているということも明らかにされてきました（松田・新道・高田 二〇〇〇）。

これまで筆者らが行ってきた聞き取り調査では、災害発生後の避難所生活においてさまざまなことが語られてきましたが、その一つに「子どもと保護者の距離の確保が難しいこと」が挙げられます（中丸・伊藤 二〇二四）。まず学校や幼稚園・保育園等の休校・休園によって、子どもが親の手を離れることが少なく、同じ空間で多くの時間を過ごさざるを得ない状況になります。このような長い時間を子どもと共にしなければならないということは、普段の日中は学校に通う学齢期の子どもをもつ家庭にとっては特に、非日常として経験されます。また、こうした普段あまりない子どもとの多くの時間の共有は、保護者らに精神的な困難を生じさせることにつながってしまうこともあるのです。こうしたことについて語られた保護者の声を少し紹介します。

Ａさん：本当に（子どもと）**ずっとべったりじゃないですか**。私、しかも（学校の一時再開があっても）午前中だけだったんですね。給食もお弁当もどうすることもできないから。（中略）ちょっとしたおもちゃを持ち寄ったり、そこに毛布を敷いたりとかして、ちっちゃい子も冷たくないようにとかして、ちょこっと遊ぶところは作ったんです。**でもやっぱり離れるのは一瞬だけで、ママたちお互いに、**（救援）**物資見てきたいからちょっと**（子どもを）**見ててとかそういうことはしたけど、でもそんな何時間もがっつり預けることはできないし。**（インタビュー引用部の括弧内は筆者補足。以下同様。）

Bさん：（親同士で子どもを預かり合うということをしていたことについて）本当、何するわけでもないけど、取りあえず（子どもが）集まって一緒に過ごすみたいな感じだったんですけど。他のお母さんとかも、その時間は休めるし。**ずっと子どもといるって、きっと普段そんなにないことだから、親にとってもちょっと自分の子ではあるけど、苦ではあると思うんですね。**少しでも休んでもらえたらなって気持ちはあったんですけど。

Aさん：スクールカウンセラーの方がそこ（Aさんらによって作られた子どもの遊び場）の話も私もしていたっていうのもあって来てくれて、（子どもを）見てくれて。「遊んでるから部屋で休んできていいですよ」って言われたけど、そこまでできないって思って、**近くのソファで見ながら、うとうとって初めてできたんですよね。それが被災後、何日後だったのか、わからないんですけど。だから本当に預けられる人に預けれると、人は安心できるんだっていうことを、すごい感じました。**

最後のＡさんの語りでは、子どもを安心して預けられる先に預けることによって保護者が初めて休息できたと話されていますが、このことは裏を返せば、子どもから目を離せない状況に置かれ続けている限りは、保護者が安心できる時間を得ることは難しい状況にあったと言ってよいでしょう。

さらに「子どもと保護者の距離の確保が難しいこと」は、次の語りからも分かるように保護者にとっての精神的困難だけでなく、復旧作業の進行における困難にもつながっていました。発災後にしなくてはならない作業や諸手続きを子どもを連れて実施することは難しく、保護者の時間的余裕や精神的余裕をさらに追い詰めていく可能性があるものとなっていたのです。

Ｃさん：いろんな手続きをするのが、あと現状を把握するっていうのが精いっぱいだったので、子どもの面倒を見ながらっていうのが、本当にとても大変だったんですね。なので、短時間でも支援団体に預かっていただけて、その間に、諸手続きを、しなきゃいけないってことを済ませられたっていうのは、精神的にも、肉体的にも、かなり軽減して助かりました。（中略）もし支援団体に預けれなかったら、**一緒に市役所とかに連れていかなきゃいけなかったですし、話も集中して聞けないじゃないですか、説明を受けても子どもが一緒ですと。**

Ｄさん：保護者でやらなきゃいけないこととか、学校のことだったりを、子どもがいるとできなかったりする。

ただしこうした「子どもと保護者の距離の確保が難しいこと」によって保護者が直面する困難は、単に子育て家庭の保護者への影響というだけでなく、子どもへの配慮という観点からも保護者にとって難しさを伴うものとなっていました。つまり、復旧作業を行っていく上での子育て労働負担の増加という保護者にとっての障害として見られていただけではなく、災害時の子どもを支える上でも保護者の悩みを増幅させるものとなっていたのです。それは次のような保護者の方の語りから読み取ることができます。

Aさん：市役所にお願いしに行くとか、（中略）土砂も入っちゃってるところを手作業でかいたり、重機にお願いして何日間かにわたって庭にある土砂を撤去したりとか、そういう作業にもすごく時間が必要だったので、**簡単に言うと私たちの時間を確保したいっていうことと、そこに娘を巻き込みたくないというか。娘の前であんまり相談もできなかったですし、楽しくいてほしいっていうのが一番あった**ので。

Cさん：**子どもの前で話せないような被害状況、聞かせたくないような話とかいうのも、近所の方としなければ、現場の状況を確認したりするときに、あまり、まだちょっと発生直後とかですと、子どものほうのメンタル状況もかなり落ち込んでいたので**、そういったときに（支援団体に）預けさせていただきまして、そういった状況報告とかも、近所の方としたりしておりました。

保護者たちは自らが進めなくてはならない作業の〝障害〟としてではなく、子どもには「楽しくいてほしい」という願いなどからも読み取れるように、災害によってさまざまな影響を受けている子どもたちをサポートするためにも、「子どものため」にあえて子どもから距離を取りたいと考えていたのです。さらに、そうした子どもから距離をとる時間を一定確保することによって、次のような効果も見られました。

Bさん：本当にあのとき、**いっぱいいっぱいで、関われなかったんですよね、子どもに、今までどおりに。**きっと子どもたちは今まで以上に甘えたい。今この状況が理解できない。も**やもやしてるみたいなので、でも私も私でどうしたらいいみたいなのと、今後どうするみたいなのと、いっぱいいっぱいで。お互いイライラして、本当にもうどうしたらいいんだろう。**（でも一定子どもを預ける時間を創出することができたことで）**すごく自分も他の考えなきゃいけないこと、市役所に行かなきゃいけないとかそういうところに時間を費やしたりとかできたから、余裕も持てて。帰ってきたらしっかり接してあげるみたいな時間がつくれた。**

すなわち、保護者と子どもの距離を一定確保することは、復旧作業などに子どもを巻き込みたくないという子どものメンタルヘルスへの保護者の配慮という観点に加えて、実際に保護者の精神の安定につながり、そのことでむしろ子どもと余裕をもって接する時間を創出することにもつながっていました。これは裏を返せば、一定の距離の確保ができないことは子どもに保護者が余裕をもって接する時間の確保が難しい状況を生んでしまう可能性があると言えるでしょう。このように、発災後に「子どもと保護者の距離の確保が難しいこと」は保護者にとっても子どもにとっても非日常としての環境変化が発生し、多様な困難を生じさせてしまうのです。

他方で、子どもと保護者の距離の確保が難しい状況がこれまで長らく続いてきたことが事実としてあります。その背景として避難所での生活はあくまで家庭ごとの空間であり、子どもたちは保護者に責任があると考えられ、その保護下にあるがゆえに高齢者等と比較すると、支援の優先順位が劣位に置かれがちである(松永・新地 二〇一七)ことが挙げられます。

より〝しんどい〟子どもたち――ヴァルネラビリティという概念

災害に関連する研究においては、「ヴァルネラビリティ」という概念がよく用いられます。傷つきやすさのことであり、脆弱性とも訳されます(渥美 二〇二一)。このヴァルネラビリティ(脆弱性)の程度は、既存の社会における人々の属性や立場、あるいは制度といった社会のありようによって変化することが指摘されてきました(清水 二〇一六)。そもそも、災害というものが人々をヴァルネラブルな存在へと導くものですが、同じ被災地にあっても、属性や立場によって個人個人がどのような大きさの困難さを抱えるかに差が出てくるのです(例えば、伊藤(二〇一九)は、東日本大震災の仕事への影響が個人の属性等によって異なることを実証的に示しています)。

ヴァルネラビリティという概念は、子どもたちへの支援を考える上でも非常に重要です。というのも、前にも述べた通り、避難所での生活では特に「家庭」に所属する子どもとして眼差されるために、支援の手が届かないと、その家庭の資本の状況によって子どもたちの学習や体験の格差が生じてしまう可能性があるからです。また、能登半島地震では石川県内外への広域避難も生じましたが、災害の被害を大きく受けてなかなか普段通りの生活に戻れず勉強に集中できない子どもと、社会関係や経済的な資本があることで、そうではない地域へと避難が〝できる〟ことで学習等の環境を整えられる子どもとには大きな格差が生まれるでしょう。もちろん広域避難が必ずしもより良い選択肢だというわけではなく、むしろ広域避難をせざるを得ないという人もいることは確かです。ただ、広域避難をする・しないに限らず、災害が発生したときにどのような選択をするかという選択肢を多くもつ子どもとそうでない子どもとでは、そのヴァルネラビリティは大きく異なるのです。

こうしたヴァルネラビリティは、もちろん経済資本・社会資本の多寡に限りません。例えば、平時に特別支援学校等に通い、特別な支援を要する子どもたち（環境変化が苦手で、結果として避難所でじっとしていられない、騒いでしまうなど）の中には、前にも少し触れたように避難所にいることが難しくなってしまった子どももいます。そうした子どもたちや保護者は支援にアクセスすることが難しくなってしまったり、復旧の進度もその分遅れてしまうことで、いっそう不利な状況に陥ってしまう可能性があるのです。

ヴァルネラビリティという概念を通してわかることは、「子ども」という特別なニーズをもった存在の中に、さらにより〝しんどい〟状況にある子どもとその保護者がいるということ、そしてそうしたよりしんどい状況下でさらなる個別のニーズがある子どもへの支援のアプローチをいかに行うのかを考える必要があるということです。

子どもと保護者を支える実践・制度

ここまで、災害発生後の特に避難所生活の中で子どもやその保護者たちが抱える困難について紹介してきましたが、本章の最後に、そうした困難を少しでも解決するためにこれまでに行われてきた実践と制度の事例を紹介したいと思います。

まず、ＮＰＯやＮＧＯ等による支援がさまざまに実施されることがあります。ここではその一例として、我々が能登半島地震等で実施してきた活動の一部を紹介します。

我々の団体は広く教育支援に関わる事業を展開しているＮＰＯ法人ですが、東日本大震災以降は子どもに関連した復興支援や防災教育、そして災害直後に被災地の避難所等で子どもたちの居場所をつくる活動をしています。この子どもたちの居場所は、保護者からお子さんを預かり、若者を中心としたボランティアと一緒に体を動かして遊んだり宿題をしたりおしゃべりをしたりすることで、子どもたちが自由に過ごして子どもの遊ぶ権利を守り、災害によるストレスを少しでも発散してもらいたいという願いで運営をしています。保護者から一定時間子どもをお預かりすることで、保護者が復旧のためのさまざまな作業を進めることにもつながることもメリットとして挙げられると考えています。この活動は当ＮＰＯのみならず複数のボランティア団体と協働しながら実施をしてきました。避難所での子どもの居場所の確保は非常に重要なことですので、災害が発生した際には速やかにそうした場所を作ることのできる仕組みが求められています。

また、公的な支援には多様なものが存在しますが、災害の影響で流出や紛失してしまった学用品の給与（災害救助法第四条に定められています）、就学援助の弾力的な運用、高校や大学の授業料免除や減額の柔軟な取り扱い、給食費の猶予措置への配慮、奨学金の家計急変採用のほか、スクールカウンセラーの重点配置による心のケアを含む健康相談などが実施されてきました。こうした援助は、罹災証明をもとにアクセスが可能になることも多く、また申請主義である場合も多いことが課題として挙げられます。より利用しやすくなるような制度改革が求められますが、仮に被災して就学等のためのお金に困ったときや子どもの心の状態が気になった際には、学校や役所等に相談をしてみましょう。

参考文献

渥美公秀「レジリエンスについて災害研究を通して考える」『未来共創』八、二〇二一年。

伊藤駿「震災が仕事に与えた影響とその帰結としての意識変化に関する社会学的考察――東日本大震災の事例から」『自然災害科学』三八（S〇六）、八一―九六頁、二〇一九年。

片田敏孝『人が死なない防災』集英社新書、二〇一二年。

清水睦美「震災と教育――学校教育における「ヴァルネラビリティ」の所在」志水宏吉ほか編『社会のなかの教育（岩波講座　教育　変革への展望　二）』岩波書店、二五九―二八三頁、二〇一六年。

田中真理「序章　震災によって浮き彫りになった四つの脆弱性」田中真理・川住隆一・菅井裕行編著『東

日本大震災と特別支援教育――共生社会にむけた防災教育を』慶應義塾大学出版会、二一一五頁、二〇一六年。

東京都『東京くらし防災』https://www.bousai.metro.tokyo.lg.jp/1028036/1028197/index.html〔二〇二四年一二月一日最終閲覧〕。

内閣府「防災に関する人材の育成・活用防災に関する標準テキスト」https://www.bousai.go.jp/taisaku/jinzai/pdf/hyojyun_text_zentai.pdf、二〇〇七年〔二〇二四年一二月一日最終閲覧〕。

松田宣子・新道幸恵・高田昌代「看護職者の災害時における子どもの心身のケアに関する研究――災害時母親の認知した子どもの状態とニーズを通しての看護職者へのケアニーズ」『日本看護研究学会雑誌』二三(五)、八一―九〇頁、二〇〇〇年。

松永妃都美・新地浩一「子どもと母親への災害時の心身医学的支援」『心身医学』五七(三)、二五一―二五六頁、二〇一七年。

初出（第一章は以下の文献を加筆修正したものです）

中丸和・伊藤駿「災害時に学齢期の子どもとその家庭が直面する困難はいかなるものか――豪雨災害直後の被災地域の子どもを取り巻く環境に着目して」『自然災害科学』四三(S一一)、六一―七二頁、二〇二四年。

NPO法人日本教育再興連盟（伊藤駿・中丸和）『「令和五年度　我が国におけるこどもをめぐる状況及び政府が講じたこども施策の実施状況」（令和六年版こども白書）』二〇二四年。

第二章　被災時の学校――教職員と教育委員会の困難

本章では、学校教育関係者、ここでは主に教職員と教育委員会の現場には、どのような対応が迫られるのかをいくつかの事例を中心に紹介します。その上で、そうした対応の中で何が課題となってきたのか、またその課題を今後起きうる災害ではいかに改善すべきなのかを考えます。

ここでは特に能登半島地震と東日本大震災の事例に着目し、発災後に直面する可能性のあることを時系列にみていきます。前者については支援者として実際に学校現場等のニーズ調査で見聞きしたものを中心に、後者では当時宮城県の沿岸部在住の中学生であった私（中丸）自身が目で見たものや先行研究、事例報告集等をもとに記述します。本書「はじめに」で「支援者としての我々と研究者としての我々がしばしば交錯する」記述となっているとしていますが、本章はさらにいわゆる東日本大震災の〝被災者〟(1)としての私も交錯し、その経験も踏まえた文章となっていることをお許しください。

それでは、ここからは特に災害発生から学校再開までを中心に、時系列で学校や教育委員会が対応に追われたことについてみていきましょう。その際、時間軸を大きくとり、①子どもたちの命を守る、②安否確認と保護者への子どもの引き渡し、③避難所運営、④学校再開に向けた安全確保等の教育環境の整備、⑤通常授業の実施と授業時間の確保という五つのフェーズに分けて考えます(ただし、これらのフェーズは一方向的に進行するわけではなく、同時多発的に生じたり、行ったり来たりすることが災害現場ではほとんどであることには注意が必要です)。

一　学校や教育委員会の災害発生時の対応

子どもたちの命を守る

東日本大震災と能登半島地震における学校の対応について背景になることの大きな違いの一つとして、次のことが言えます。それは発災時期です。東日本大震災では学校での教育活動中の発災でしたが、能登半島地震は元日という閉庁日の発災でした。こうした学校での教育活動時間外での大きな地震の発生という点では阪神・淡路大震災も同様です(午前五時四六分に地震発生)。

また、東日本大震災では教育活動実施時間帯とは言えども、学期末だったこともあり、学校や学年によっては卒業式やその前日の準備中、あるいは午前授業終了後の下校中というように、子どもたちがさまざまな状況で被災を経験しました。

では、そうした状況下で「子どもの命を守る」ために学校ではどのような対応が迫られたのでしょうか。まず、東日本大震災において子どもたちが学校に残っていた場合は、地震の揺れから子どもを守った後の、特に津波からの避難誘導が大きな課題となりました。当時はそれぞれの学校が取りうる方法と得られる情報を元に、さまざまな避難を学校単位で行い、子どもたちの命を懸命に守ろうとした教師たち、さらには子どもたち自身の姿がありました。例えば避難誘導については、岩手県大槌町の中学校校長が地元出身者であったことから、子どもの頃の過去の津波という地域での経験が生きたといいます（国士舘大学・日本教育経営学会 二〇一二）。また、多くの児童が犠牲になった宮城県石巻市の大川小学校では、教員による避難誘導に過失があったとして学校や市の責任が問われることとなりました。これらのことから、学校は災害発生時に子どもの命を守るよう最善を尽くす責任が明確化されたとも言えるでしょう。

そうした責任を学校が果たしていくためには、日々の防災訓練や防災教育等の取り組みが重要だということには異論はないでしょう。加えて、特に子どもたちへの防災教育は、子どもたちが学校にいないときにこそ、その真価が発揮されることになります。東日本大震災においてもその他の災害においても、子どもたちが学校の外にいた場合も多く、そうした際にどのような避難行動をとることができるのかは、子どもの命が守られるかどうかの分岐点になります。

当時、中学生だった私は海沿いを走る電車の中で母とともに地震に遭遇しました。電車を降ろされ「電車が止まってしまった。どうやって目的地に行こうか」などと恥ずかしながら津波のことなどまったく頭にはなく、のんびりした考えを巡らせていました。そして、いったん自宅に帰り、祖母の「（一九六〇年の）チリ地震津波ではここまで来なかったから大丈夫だ」という言葉を信じ、家の片付けをしばらくしていたのです。しかしながら、鳴り止まない警報やそれと対照的な街の異様な静けさ、繰り返される大きな余震にさすがに恐怖を感じた私は、家族に「逃げよう」と言って、近くの山の上の小学校へ避難をしました。津波が街、そして自宅を襲ったのはおよそその数分後でした。あと一歩遅かったら私は現在このように本書を執筆できていなかったかもしれません。運良く助かったわけですが、今振り返れば、自らの災害に対する危機意識の低さや知識のなさにぞっとします。私の通っていた学校では(私が真面目に聞いていなかっただけの可能性も大きいのですが)下校後等の津波を想定した防災教育はなかったと記憶しています。もしそうした教育が行われていれば(あるいは私が真面目に聞いていれば)、私はまた異なる行動をとれていたかもしれません。このようなことからも、下校時や下校後に子どもが自らの判断でどのような行動をとることが可能かを想定した防災教育の必要があると考えられ、これまで蓄積されてきた事例報告でも同様の指摘がされてきました(国士舘大学・日本教育経営学会 二〇一二)。

安否確認と保護者への子どもの引き渡し

東日本大震災では避難誘導の終了後、学校では子どもたちの安否確認と保護者への引き渡しが多く行われました。前述のように、すべての児童生徒がまとまった活動をしていたわけではなかったため、安否確認にも時間を要しました。学校にいた児童生徒に加えて、そうでない場合は、学校によっては教職員が各避難所を歩いて周り、安否確認を行ったといいます(ベネッセコーポレーション 二〇一二)。私も災害発生から数日後に担任の先生が自宅にまで訪れ、安否確認をしてくださった記憶が鮮明に残っています。「ここまでわざわざ先生が安否確認をしに来るのか」と驚くとともに、久しぶりに見た先生の姿に安堵したことも覚えていますが、そのような教師たちの行動は決して珍しい行動ではなく、各地で行われていたのです。当時は停電や通信網の断絶が発生したとともに、現在ほどタブレットやスマートフォン等の情報技術が発展していなかったため、安否確認は困難を極めた場合も多くありました。加えて私学の場合は、多方面および遠方からの通学があるために、登下校中の生徒の把握が難しかったといいます(一般財団法人日本私学教育研究所 二〇一二)。

一方で、安否確認と同時に、学校に残っていた子どもたちを保護者に引き渡すのか、いかに引き渡すのかということも課題となりました。当時小学校に避難した私は、学校の先生方が吹雪の中、校舎から校庭に子どもたちを避難させて整列をさせ、校庭に避難してきた保護者に順に引き渡しを必死にされていた様子を覚えています。保護者との連絡等を何らかの方法で取ることで、子どもたちを保護者に引き渡し、連絡が取れない場合は、教職員が家まで送り届けるといった行動が取られたとも言われています。しかしこれは、津波の被害が心配のない場所に住む子どもたちの場合であり、むしろ学校にいた方が安全であるということもあります。そのため、岩手県のある学校では東日本大震災後に危機管理マニュアルにおいて「生命安全確保のため、児童生徒は引き渡しません」という取り決めをした事例もあります(国士舘大学・日本教育経営学会 二〇一二)。また、災害発生時の保護者への子どもの引き渡しについてはマニュアル化されていない場合もあり、保護者との間での認識の一致を事前に行っておくことも重要だと言えます。

避難所の運営

子どもたちの安全確保後には、学校に避難をしてきた住民等のための避難所運営を教職員が行ったケースが多くあります。一般に学校は災害発生時の避難所であるという認識が強い(もちろん多くの学校が指定避難所である場合も多い)です。能登半島地震は元日の発災でしたが、駆けつけられる教職員で学校を開け、避難所として開放した事例もあります。数日間で避難所としての開放を終える場合もありましたが、一カ月以上避難所となった学校も多くありました。避難所指定をされている場合でも、すぐに行政職員が駆けつけられるわけでもないため、教職員が避難者受け入れの対応や避難所の運営をせざるを得ない状況になることも多々あります。

他方で、これは次項の、学校再開に向けた環境整備の段階に関する話にもつながってくるのですが、あえて避難所の運営のリーダーを教職員に任せることをせず、また避難所としての学校施設の利用に制限を行った事例もあります。岩手県大槌町の吉里吉里《きりきり》小学校では、校長が長期化の予想される避難所運営にあたって、避難してきた人々が中心になって運営を行うことを決めました。これは教職員が避難所運営で手一杯になり、子どもの様子に目を向けられないという状況に陥ることを回避しようとしたからです。さらに、避難所として使用するのは原則体育館のみとすることで、教育の場としての学校の姿を失わせないための工夫も行ったことで、その後、他の学校の教育活動の場にもなり、それらの学校の再開にもつながりました（ベネッセコーポレーション二〇一二）。ほかにも、職員室だけは教職員や子どもたちだけの場所とした事例もあります。

こうした避難所運営を誰がするのか、どの程度学校の施設を避難所として使用するのかの判断は非常に難しいものとなり、特に多く避難者が押し寄せてきた場合は緊急時のために学校を開けざるを得ない場合もある一方で、学校再開を早期にするという点では、どのように子どもたちのための教育の場との棲み分けを行うのかを平時に検討しておく必要があるでしょう。

学校再開に向けた安全確保等の教育環境の整備

災害発生後、被災地域にある学校の多くは期間の長短はあれども臨時休業となります。安否確認等に時間を要することもありますし、学校が避難所となった場合は教育活動のための場の確保に時間を要することで、いつどのような計画で教育環境の整備をして学校再開を行うのかが学校や教育委員会にとっては大きな問題となります。

過去の災害の教訓から、子どもたちの心のケアのためには一日も早い学校再開が大切であるという考えのもと、学校や教育委員会は学校再開に向けた教育環境の整備を行ってきました。しかしながら、それにはさまざまな難しさが伴いました。例えば、我々が二〇二四年二月に能登半島地域にある公立学校でヒアリングを行った際には、学校が未だ避難所となっているために対面での学校再開ができないことや、十分な場の確保ができないことに悩む教職員の姿が見られました。損壊した建物や通学路の安全確認、避難所となっていた教室の清掃、避難所との棲み分けや不十分な教育活動の場を活用するための時間割の組み直しなどが実施され、こうした作業に教職員たちは追われることとなったのです。特に、避難所として使用されていた教室等に避難している住民たちにどこにどのように移動してもらって学校教育の活動の場を復旧させるのかも悩ましい事項の一つに挙げられました。また、限られた場であっても、学年ごとにそれぞれ短縮授業を行うといった工夫をした学校もあります。ただしこうした工夫によって学校再開がなされても、通学路の危険性から保護者による送り迎えやスクールバスの運行状況によりきょうだい間で下校時間が異なることによって、きょうだいの一方が他方を待つための居場所が必要になるなど、新たな課題が生じることになりました。

以上のような教育環境の整備の問題は、東日本大震災の際にもみられたことです。体育館が遺体安置所になった学校では、学校再開時には消毒や臭い消し、PTAの神主によるお祓い等を実施し、生徒に安心感を与える工夫を行った例があります（国士舘大学・日本教育経営学会 二〇一二）。加えて、校舎が大きく損壊した場合等には、近くの学校に間借りする形で学校再開を模索する例も、東日本大震災・能登半島地震ともにみられたことです。例えば、原発事故の影響を大きく受けた福島県南相馬市では体育館をいくつかの仕切りによって分け、教室として運営をしていた時期もあります（南相馬市 二〇二二）。間借りの状況は、徐々にユニット教室や仮設校舎の建設などによって解消されていきましたが、それでも校庭に仮設校舎が立ち並ぶなど、さまざまな制約の中で教育活動を実施せざるを得ない状況となっていました。

ここまでは特に直後の避難対応や避難所運営を中心に、学校それぞれが独自の判断を迫られながら対応を行ってきた様子を述べてきましたが、特に学校再開の段階に入ると教育委員会が中心的な役割を果たすようになっていった地域もあります。例えば、岩手県陸前高田市教育委員会では県の教育事務所の指導主事が学校をまわり、学校の再開ができるかを判断し、再開の目安とする期日を示しました。このことは前述した避難者の移動の問題を解決する上で、学校再開の目安が示されたということによって、快く避難所の方が教室を開けてくれたことにつながったといいます（国士舘大学・日本教育経営学会 二〇一二）。また、宮城県多賀城市教育委員会は学校再開に向けて優れたイニシアチブを発揮しました。震災発生翌日から市内の学校を訪問して状況確認をした上で各学校への指示を行うとともに、全校長と市教委が集う「連絡会」を定期的に開催することを決めたのです。そうした連絡会を通して、校長同士が他の学校の様子を参照できたり、市が避難所運営や学校再開への行程を明確に示すことで、すべての市内の学校が四月二一日には再開を迎えることへつながりました（ベネッセコーポレーション 二〇一二）。災害直後は各学校の判断が必要になり、行政の動きが鈍いこともありますが、時間が経過するほど、特に学校再建に向けては行政の力が欠かせないという指摘もあります（国士舘大学・日本教育経営学会 二〇一二、ベネッセコーポレーション 二〇一二）。

他方で、東日本大震災時と異なる能登半島地震後の対応の特徴として、コロナ禍を通して、タブレットやスマートフォン等が学校や子どもたちにも大いに普及している時代となったことが挙げられるでしょう。実際に、さまざまな連絡はそうした機器を通して保護者に伝達されることも多くあり、情報伝達という点ではよりスムーズであったと考えられます。学校再開という点においても、早期にタブレットを通して学校の先生やクラスメイトとオンライン上で繋がる会を設定している学校もありました。また、学習の進捗に不安を抱える保護者の声も聞かれましたが、学習もタブレットを通して課題が出されたり、授業が実施されたりといった実践が行われるとともに、対面授業の再開以降も避難等により通学が難しい子どもはオンラインでの授業参加を行っている事例もありました。

以上のように、情報技術の発展とコロナ禍を通した学校のＩＣＴ利用の活発化によって、東日本大震災の際とは異なる状況が能登半島地震の被災地では見られましたが、教育委員会と学校との情報共有があまりうまくいっていないケースもありました。特に、我々が教育委員会へヒアリングに行っても、「学校の状況はこちらからは聞きづらいため情報は上がってきていないことが多い。直接学校に聞きに行ってほしい。」との回答が多々あったのも事実です。学校の状況やニーズをいかに教育委員会としても把握し情報共有をしていくのかには改善の余地があると言えるでしょう。その際には、前述した多賀城市教育委員会の取り組みは一つの参考になると考えます。

通常授業の実施と授業時間の確保

早期の学校再開は子どもの心の安定のために最も大切なことの一つと考えられており、可能な限り早期に通常通りの授業のある学校再開を目指す動きがほとんどです。また、オンラインでの集まりの際に先生やクラスメイトと顔を合わせたときの子どもたちの笑顔やほっとした表情を我々も間近で見ており、早期の学校再開は重要な復旧活動の一つであると実感しています。

他方で、こうした学校再開が目指される理由として、心の安定に加えて、特に最近では授業時間の確保という点が挙げられるようになりました。東日本大震災では、臨時休業中分の授業時数を確保するために二学期の始業を早める、土日の補習、長期休みの縮減、学校行事を行わない、スクールバスの待ち時間を利用するといったことが行われました。こうした授業時数の確保の必要性は、能登半島地震の被災地の多くの学校の先生からも課題として聞きました。確かに、子どもたちの学習権を保障するという点では大事な視点です。

しかしながら、そもそも学校再開が心の安定につながるのは、日常の確保や友人や先生に会えるといったことがその背景にあり、無理に授業時数を確保しようとすることはこうしたことに両立しうるのでしょうか。子どもたちの心の安定という点をまず考えるとすれば、コロナ禍以降「学びを止めない」という用語が頻繁に用いられますが、どこまで〝失われた〟学習の機会の確保を無理に実施する必要があるのかには、一考の余地があるのではないでしょうか。さらに、授業時数の確保を土日の補講や長期休みの縮小などで行うということは、避難所運営にあたりながら子どもたちを支えてきた教職員等のさらなる疲弊をもたらす可能性もあることは考えなくてはなりません。これはさまざまなところで指摘されてきたことでもありますが、子どもを支えるという意味では、支援者である教職員等の学校関係者も同時に被災者であることが非常に多い点は忘れてはなりません。この問題については特に四章で検討したいと思います。

二　災害は被災地の学校だけの問題ではない——避難者受け入れという問題

ここまで、もし被災地の教育現場にいたらという想定で、起きうることを述べてきましたが、対応を迫られるのは被害を直接的に受けた地域の学校や教育委員会に限られるのでしょうか。また、被災地の問題とされることは被災地だけの問題なのでしょうか。「そうではない」ということをここでは主張したいと思います。

避難してきた子どもに対して「受入校」がすべきこと

筆者の一人である中丸は、二〇二四年二月に「能登半島地震で被災した子どもの「受け入れ教育」に関わる提案(以下、提案)」を文部科学省にて、大森直樹氏(東京学芸大学教授)・大橋保明氏(名古屋外国語大学教授)とともに行いました。これは、両氏が東日本大震災や阪神・淡路大震災における教育実践等の地道な資料収集・調査活動を経る中でまとめてきた「災害による受入校における教育(以下、受け入れ教育)」の考え方と実践が、能登半島地震を受けて日本全国においても重要であると訴えたものです。提案の詳細は大森・大橋・中丸(二〇二四)、受け入れ教育や実践に関しての詳細については大森・大橋編(二〇二一、二〇二四)をご覧ください。

災害による受入校とは、「災害により災害前の居住地の学校と別の学校において受け入れた子どもが在籍する学校」(大森・大橋編 二〇二一)と定義されており、災害とそれに伴うそうした受け入れに向き合いながら行われる教育実践が「受け入れ教育」といえます。能登半島地震では、ライフライン復旧の見通しがなかなか立たなかったこと等により、広域避難が発生しました。そのため、被害地域の学校に限らず、広く全国に災害の影響を受けた子どもの受け入れが発生しました。つまりそれは「受入校」が少なからず存在することを意味します。その際、受け入れた子どもに対し災害のことに触れてはいけないのではないか、どのように接したらいいのか。それを考えることは容易ではありませんから、結果的に「何も災害等については触れないでおく」ということも多くあり得るでしょう。しかし、それでは避難先での生活にうまく馴染んだり、災害のことを誰にもはなせずもやもやしたり、さまざまなストレスを抱えることになってしまうかもしれません。

実際に、東日本大震災の際には「原発いじめ」が大きな社会問題となりました。これは避難先の学校で、原発事故や避難してきた子ども、そしてそのふるさと等への理解が受け入れる側に不足していたために起きた問題であるとも言えるでしょう。つまり、当時被災地の子どもの問題として取り上げられていた原発いじめや避難先での学校の不適応の問題等は「被災地外の問題」であったとも言えます。こうしたことからも、被災地のみならず被災地外の学校、特に受入校においては学校全体としていかに災害や避難してきた子どもと向き合うのかを考えていく必要があるのです。そこで参考になるのが、これまで実施されてきた「受け入れ教育」の実践です。以下では、提案や大森・大橋編（二〇二二）等をもとに受け入れ教育に重要となるいくつかの要素を紹介します。

では、受け入れ教育としてどのような実践がありうるでしょうか。「提案」の内容をもとにいくつか紹介したいと思います。まずは、「安心な出会いを準備する」ことです。これには、いつ転入してくる子どもがいても良いように、「受け入れ教育のあり方」を子どもたちと考えておくといった実践がこれまで行われてきた事例があります。次に、「安心な出会いをつくる」ことです。これは例えば、転入してくる子どもが緊張している様子の際に、歓迎のための自己紹介や仲間作りゲーム、群読等を行った実践もあります。さらには、「ふるさとのことを普通に話せる教室と学校」をつくることも重要です。例えば、次のエピソードはそうした教室づくりの一事例と言えます。実践者であるA先生は、東日本大震災時に福島県の会津で、原発事故の影響で避難をしてきた子どもたちが多く在籍する学校で担任をしていた方です。

楢葉《ならは》（原発事故により一時、避難区域となった地域）から来たことはそれでいいっていうか、それを隠したり、変になじませようとはしませんでした。楢葉の子どもたちは、私のクラスには、五人くらいいたんです。各クラスに五人くらいずついて、子どもたちにも言いました。ここ（会津）に今いるけど、「え、楢葉で考えたらそれって変だよね」って思うようなことは言っていいんだよって（中略）。周りの子どもたちにもそうやって言ってもらうことで、「あ、そうなんだ」ってなるから、だからいいじゃんって言って。一緒になろうとか、我慢してとかじゃなくて、「それって楢葉からするとこうだよ」とかっていうのを言って、逆に会津の子たちも「でもこうだよね」って言えばいいんじゃないっていうような学級にはしていて。会津の子ってすごいシャイなんですよね。でも浜通りの子って違うんですよ。

授業なんかのときにも、何が違うかな向こう（楢葉）となぁって話をしていて。空が違うと子どもはよく言っていて、周りの子どもたちもそうなんだって話を聞いたりして、いろんな人がいることのその良さみたいなのは、子どもたちから逆に教えてもらっていました。

こうした教室づくりは、無理矢理「郷に入りては郷に従え」とするのではなく、地域差にも起因する文化や考えの違いが子どもたちの中にあることを前提にすることで、子どもたちが安心してふるさとのことも話すことができる環境をつくっている実践事例と言えるでしょう。

加えて、転入の際だけでなく転出を再度する場合に「送り出すときの言葉」をどうするのかということも肝要になります。特に福島県の原子力災害で被災した子どもや能登半島地震で被災した子どもの家庭は何度も避難を繰り返すことがあるため、受け入れるだけでなく送り出すときにどうするのかということも受入校の課題となります。他にもさまざまな受け入れ教育において重要なことは存在しますが、これまでの受け入れ教育の実践の蓄積をもとに、受入校の教職員は被災した子どもたちをいかに受け入れる（あるいは送り出す）のかを考えていく必要があるでしょう。また、受け入れ教育の実践詳細は「提案」等を参照してみてください。

こうした受け入れ教育の実践は能登半島地震の影響を大きく受けており、市区町村を跨いだ避難が繰り返されてきた石川県においても試みられようとしてきたとのことです。今後どのような実践が行われてきたのかが記録され、次の災害時にも繋がっていくことが期待されます。

また、こうした実践やそうした受け入れのための準備は、日本全国すべての学校で一考しておく必要があるでしょう。というのも、広域避難は被災地周辺のみならず日本全国（時には国外もありますが）へ行われ、いつどこが「受入校」となるかはわからず、どの学校もその可能性があるからです。そのためにも、まずは少なくとも大きな災害が発生した際、学校関係者はその事実に関心をもつということ、そして災害の備えの一つとしてもこれまでの受け入れ教育の実践を学ぶということも重要になってくるでしょう。

そして、公教育の側面から見たとき、災害発生時に被災地外でも対応を迫られるのは、学校だけではありません。その一例として、まずは区域外就学や転入手続きに関して避難元教育委員会と避難先教育委員会との調整が必要になります。東日本大震災の際には、特に福島県の原子力災害の影響を受けた地域からの避難者の区域外就学等の受け入れの申し出が急増し、避難先の教育委員会はその対応に追われました。さらに、福島県で避難指示区域となった学校から避難指示区域外の地域の学校に避難をする子どもが集まった結果、教室や教職員、学校用品(机・椅子等)が不足するという事態にも見舞われました。その際、教育委員会はそうした教職員配置をどうするのか、学校用品をいかに確保するのかといった対応に追われることとなったのです。

このように、教育行政も「被災地の問題は被災地だけの問題ではない」ということを意識して災害発生への備えや連携体制を確保していくことは重要だと考えます。

三　学校教育関係者による教育支援の取り組み事例

続いて、「被災地の問題は被災地だけの問題ではない」ということを少し別な角度から見たいと思います。ここまでは主に避難をしてきた子どもがいたらという想定でのお話でした。ここからは、被災地外の教職員の方々が被災地域に支援に行くという取り組みから、被災地の問題に皆で向き合い、災害による被害をできる限り減らす(減災)取り組みをしていくことが重要であることを示していきます。その上で、現在構想されている皆で被災地を支える仕組みを少しだけ紹介し(詳しくは第四章)、それを具現化するために求められることと同時にその難しさについて検討します。

兵庫県 EARTH の取り組み

兵庫県教育委員会には震災・学校支援チーム(EARTH = Emergency And Rescue Team by school staff in Hyogo）という組織があります。以下では、『EARTH　ハンドブック』（兵庫県教育委員会　一九九五）を参照しながら、その概要を紹介します。

EARTHは二〇〇〇年四月一日に発足した、阪神・淡路大震災の「震災時に受けた全国各地からの支援に報いるため、災害により避難所となった学校を支援する教職員の組織」です。二〇〇〇年一月一七日に結成式を行い、災害発生時に学校再開を支援するための教職員による全国初めての組織が発足することとなりました。EARTHは派遣者の選出や訓練・研修の実施等を行う運営委員会・運営委員会事務局の元に五つの班（学校教育班、心のケア班、避難所運営班、学校給食班、研究・企画班）がある形で構成されています。

活動内容は、災害時には①学校教育応急対策と早期再開に向けての支援、②児童生徒等の心のケアの支援、③学校における避難所運営支援、④学校給食の早期再開と食生活の支援を。平時には①各種研修活動等での指導助言、②各学校での兵庫の防災教育の推進、③各地域の地域防災体制への協力、④防災士等各種団体との連携を行っています。また、五つの班はそれぞれ、学校教育班は学校教育応急対策と学校教育の早期再開に向けての支援、心のケア班は児童生徒・保護者・教職員の心のケアの支援、避難所運営班は学校内に開設された避難所の運営支援、学校給食班は学校給食の早期再開と避難所内の食生活の支援、研究・企画班は研修メニューの企画訓練等のモデル立案を行います。

EARTH員は大規模災害があった場合には派遣要請があるものとされており、実際に派遣メンバーとなった際には、授業の振替等について管理職をはじめ職場の調整をするとともに、被災地の情報収集などに努めることが求められます。

これまでさまざまな災害において派遣がなされてきたEARTHですが、能登半島地震においても一月五日～七日に第一次先遣隊を四名派遣したのち、一月中だけでも第一次派遣から第三次派遣まで、のべ四〇名が派遣されています。第一次派遣から第三次派遣では石川県珠洲《すず》市の教育委員会や学校に派遣がなされ支援活動が行われました。

能登半島地震に限らずこれまでもいくつもの災害時に派遣が行われており、派遣を受けた側の自治体などが同様の学校支援チームを作る動きも出てきています。現在は、熊本県、宮城県、三重県、岡山県でそうした支援チームが発足しており、兵庫県のEARTHの取り組みが支援等をきっかけにしながら広がりを見せていることがわかります。

このような災害時に被災地外の学校教職員が被災地の学校等に派遣され、子どもや学校の支援を行う活動が広がっていることは、被災地の問題を被災地だけの問題にしない取り組みの一つであると言えるでしょう。被災地の中だけで問題を共有するのではなく、過去の災害の教訓も踏まえながら問題を被災地外の教職員とも共有して解決を図っていく活動は、被災地の学校がより早く復旧・復興に向かうために非常に重要なことです。

また、派遣されて地元に帰ってきた教職員の方々は子どもたちにその話を共有することもあるでしょう。そうした取り組みは、防災教育にもなりえますし、実際の社会問題に子どもたちが関心をよせ、考えるきっかけにもなります。このことは子どもたちにとっても被災地の問題を自分ごととして捉える契機になるでしょう。

D-EST構想の実現に向けた課題

学校支援チームの取り組みをさらに発展させようという構想が、文部科学省を中心に進められています。「被災地学び支援派遣等枠組み」（通称D-EST：Disaster Education Support Team）です。このD-ESTは、「今後の大規模災害に備え、被災地の子供たちの学びの継続や学校の早期再開のため、被災地の支援ニーズの積極的把握や学校支援チームとの連携等さらに取組を推進し、被災地外から教職員等を派遣する枠組み」（文部科学省 二〇二四）を指します。能登半島地震における文部科学省による応急危険度判定士等や教職員やスクールカウンセラーの派遣、先述した五県の学校支援チームなどの取り組みをきっかけとして構想がなされ始めました。

これは学校支援チームの横展開、文部科学省や被災地外の教職員等の派遣が主な柱となっています。こうした被災地外の人的資本を被災地に投入する仕組みをより発展させていくのは、ここまで述べてきた被災地の問題を被災地だけの問題にしないという点において非常に大切です。

二〇二四年一二月にはこのD-EST構想について文部科学省の「被災地学び支援派遣等枠組み」検討会議より、「「被災地学び支援派遣等検討枠組み（D-EST）」の構築（最終まとめ）」が公開されました。これは、能登半島地震への対応における課題をあげながら、D-ESTの実質化のための取り組みとして、前述した主な柱を中心にまとめられています。以下では、今後の課題となるであろうことを三点、指摘しておきたいと思います。

課題の一点目は、被災地外からの教職員派遣について、そもそも全国的な教員不足が深刻化している中で、派遣を快諾できる教育委員会や学校はどれほどあるのか、ということです。もちろん、学校支援チームがこれまでやってきたように現場でたくさんの調整を経て実施され、それが最終的に子どもたちの学びにもつながる可能性は十分にありえますが、今後、教員不足がより深刻化していくのであれば、現場の調整もつきづらくなっていくでしょう。そのことを踏まえれば、そもそも平時に教員不足の解消への取り組みを進めることが第一に重要であるとともに、学校支援チームのこれまでの教訓も踏まえて、いかに学校現場の調整をつけることができるのかに関する知見もより具体的に示されていく必要があります。

二点目は、今回の構想は基本的に「派遣」が主たる着目点となっていますが、派遣された先の「受援」の計画も同時に考えなくてはならないということです。これまでの災害において多く派遣されてきた（学校教員や教育行政職に限らない）一般行政職員の応援について、派遣が迅速にされても、派遣された先の仕事の役割分担等の調整がうまくいかないということが指摘されています。そうした経験を踏まえて、内閣府防災担当によって全庁的視点で受援計画を立てることが推進されています。他方で、学校教育分野においてはそもそも派遣の枠組みが一部の取り組みを除いて全国的には初めて進められようとしているのですから、そうした受援計画の取り組みも多くありません。派遣の枠組みと同時に受援計画の策定に向けた取り組みも推進されていく必要があります。この点で、後述（七六頁）される学校支援チームの取り組みを始めようとしている京都府の職員の方の「もし自分たちが被災したらどのように支援を受け入れるかということも考えなくてはならない」という言葉はまさに現在の課題を言い表しています。

最後に、枠組みの主な柱には入っていませんが、最終まとめには次のような文言があります。これは筆者らがＮＰＯ法人の一職員としてこれまで被災地の学校支援をしてきた立場からも見逃せない文言です。

また、被災地を支援する取組として、災害時の支援に専門的なノウハウを有するＮＰＯ等の団体による活動が挙げられる。特に学校再開までの期間、被災した学校の教職員は学校再開に向けて注力することになることから、児童生徒の学習支援などの支援が期待される。

※　発災後、ＮＰＯ等の活動団体の支援を直ちに受け入れることができるよう、各地方公共団体において、予めそれらの団体と協定を締結するなどにより連携体制を構築するとともに、他県から応援に入る学校支援チームとの役割分担について整理しておくことが重要である。（文部科学省　二〇二四、三頁）

まず自主的取り組みをするＮＰＯ等に頼らずとも支援ができるような仕組みや制度を作ることが前提として重要です。他方で、災害時にはこれまでたくさんの民間団体・ボランティア団体が子ども支援・学校支援を行ってきましたので、そうした活動を整理したり、ネットワークを作ったりしていくことも重要です。ただし、次章で後述するように、子ども支援というものは安易に行っていいものではありませんし、学校もよくわからない団体を安易に学校に入れるということはしたくないと考えるでしょう。そのために、最終まとめでも指摘されているように「平時における」対応が重要になってきます。例えば、平時から学校とさまざまな形で連携をしている地域の団体やＮＰＯ等は災害時にも連携を即座にすることができるでしょう。実際に能登半島地震の際にも被災県で平時にユースワーク等子ども・若者向けの活動をしていたり、そうした団体とネットワークを有していた団体が現地のニーズを的確に捉え、迅速な支援を行っていました。しかしながら、とある学校の先生とお話をしていた際に、ＮＰＯ等との連携をしたいと思っても自分の勤務する学校があるのは小さい自治体なので、そうした団体を見つけることができない、どうすればいいかという問いを投げかけられました。平時から民間団体等も含めた連携が大事と言っても資源にも限りがあるとき、そうした団体がほとんど見つからない、また他地域の団体ともつながることの難しい自治体がいかにしてつながりをもつことが可能になるのかが課題となってくるのではないでしょうか。同時に能登半島地震の被災地ではなかなか外からの支援が入らず、被災した人々同士のみで支え合うしかなく、それによって被災した人々にさらに大きな負担がのしかかっていることも忘れてはなりません。全国でいかに支え合うネットワークをつくるかはそうした点でも大変重要です。

参考文献

一般財団法人日本私学教育研究所「震災時における学校対応の在り方に関する調査研究」二〇一二年三月。

大森直樹・大橋保明編「３・11受入校の教育実践記録目録」『教育実践アーカイブズ』（一一）、二〇二四年。

大森直樹・大橋保明編『３・11後の教育実践記録　第二巻　原発被災校と３・11受入校』アドバンテージサ

ーバー、二〇二一年。

大森直樹・大橋保明・中丸和「能登半島地震で被災した子どもの「受け入れ教育」に関わる提案」東京学芸大学、二〇二四年。

国士舘大学・日本教育経営学会「震災時における学校対応の在り方に関する調査研究　報告書」二〇一二年三月。

坂田邦子『メディアとサバルタニティ――東日本大震災における言説的弱者と〈あわい〉』明石書店、二〇二二年。

兵庫県「令和六年能登半島地震に係る震災・学校支援チーム（EARTH）の派遣について」https://web.pref.hyogo.lg.jp/gikai/iinkai/index/joniinkai/bunkyo/documents/06-0bunshiryo060116.pdf［二〇二四年一〇月二七日最終閲覧］。

兵庫県「道路復旧・し尿処理・がれき処理支援職員、EARTH帰庁報告会　報告資料（二〇二四年一月三一日」https://web.pref.hyogo.lg.jp/kk37/20240104jisin_houkoku.html［二〇二四年一〇月二七日最終閲覧］。

兵庫県教育委員会『EARTHハンドブック 平成二八年度改訂版』一九九五年。

ベネッセコーポレーション「震災時における学校対応の在り方に関する調査研究」二〇一二年三月。

南相馬市『東日本大震災記録誌　一〇〇年後へ届ける記録』二〇二一年。

文部科学省「「被災地学び支援派遣等枠組み（D-EST）」の構築（最終まとめ）」二〇二四年一二月二四日。

山﨑真帆「住家への津波被害を免れた人々における東日本大震災からの「復興」――津波被災自治体南三陸町における「被災者だけど被災者じゃない」住民の経験から」『日本災害復興学会論文集』一五、一七九―一九一頁、二〇二〇年a。

山﨑真帆「復興過程における「被災者」の自己認識に関する一考察――仮設住宅居住者と非津波被災者の

語りに基づく「被災者」の構造と輪郭の分析から」『日本災害復興学会論文集』一六、二四―三六頁、二〇二〇年b。

注

（1）「〝被災者〟とは誰を指すのか」とは明確な回答がなかなか出せない問いでしょう。単に「罹災証明」を持っているか否かによるとは限りません。英語では〝affected people〟という言葉が使用されることもありますが、家が損壊していなくても保護者の収入が減少するなどさまざまな形で災害は人々に影響を与えます。また、私が自分が「被災者である」ことを強く認識させられるようになったのは、大学進学を機に宮城県から関西に引っ越しをしてからです。確かに罹災証明書を持っているという点では被災者なのかもしれませんが、ずっと自分は「他の地域・人々」よりは大丈夫だから、と思っていたため、自らの被災者としてのアイデンティティはそこまで強く持ち合わせていなかったのです。その中で、関西で「被災者」としての発言を求められる機会の多さに困惑することが多かったのも事実です。ときに罹災証明や原発事故の区域の線引き等は人々にそうした葛藤を生じせます。こうした葛藤については山﨑（二〇二〇b）や坂田（二〇二二）等が参考になります。

第三章　子ども支援を考える皆さんへ――何ができる？　どうすればいい？

一章と二章を踏まえて、この章では実際に子ども支援を行いたいと思ったときにどのようにすればよいのかということをお話ししていきます。インターネットで「災害　こども支援」などと検索すると、国外のＮＧＯ団体から法人格をもたない任意団体まで、さまざまな取り組みが出てきます。その中には「ボランティア募集」枠で応募できるものもあるでしょう。まず本章では、筆者たちの経験からボランティアに行く前に知っておいてほしいことをまとめていきます。

必要なものは自分で用意することを前提に

災害の規模や内容にもよりますし、子ども支援に限った話ではありませんが、災害ボランティアの大前提は、自分のことは自分でできるようにしておくことにあります。現地の商店等を利用して少しでも地元にお金が入るようにという意見もありますが、そうした取り組みは後述するように息の長い形で実施することが求められます。少なくとも災害直後に支援先で何かを購入できると考えたり、外部から届く支援物資を充てたら良いと判断したりするのは厳禁です。

また、被災地支援を行うにあたっては、例えば交通費や防寒着や作業靴など必要なものを用意するための費用が発生します。それらは基本的に自費になると考えておきましょう。もちろんすでにあるものを活用したり、自分の車で移動したりすることで節約もできるかもしれませんが、現地に迷惑をかける可能性があるのであれば、無理な節約はするべきではありません。能登半島地震の被災地では道路状況が非常に悪く、運転に慣れている人であっても車がパンクし立ち往生してしまうということがありました。もし現地でパンクして道を塞いでしまったら、車の損害だけでなく緊急車両等の通行を妨げてしまう可能性もあります。

重ねてになりますが、自費である以上（公費でもそうですが）、節約すること自体が悪いことだとは思いません。しかし、いろいろな無理をして行った結果、現地に迷惑をかけてしまっては元も子もありません。お金がかかっても、準備は念入りにしておくことが大切です。

支援団体が用意する場合も

他方で、もし皆さんがどこかの支援団体を通じてボランティアをしようとする場合は、その支援団体が必要な物資や、場合によっては交通費等を用意していることもあります。実際に私たちも能登半島地震での支援活動では交通費と最低限の日当をお支払いしてでもボランティアを集めることが必要であると考え、用意しました。そうした場合は遠慮なく受け取っていただければと思いますし、特に重たいものや場所を取るものは、持ってきてしまうと邪魔になってしまうこともありますので、提供されるものを使っていただきたいと思います。とはいえ、それでも非常食等、自分を守るために必要な最低限度のものは用意し、持っていくことをおすすめします。

また、支援団体も物資や交通費を用意するために個人や団体から寄付をいただいたり、行政からの財政的支援を受けていたりします。そのため、必ずしも自分が普段使っているものと同じであるとは限りませんし、質も良くないこともあり得ます。どうしてもというものがもしあれば、やはり各自で持っていったり、支払ったりする方が良いでしょう。

万が一の場合も考える

ただし、どれだけ準備をしていてもケガをしてしまったり、体調を崩してしまうこともあります。さらには、人をケガさせてしまうかもしれません。地震災害では余震が続くこともありますし、豪雨では時間が経ってから土砂災害へとつながってしまう可能性もあります。そうしたときのために、災害ボランティアに対応した保険に必ず入って現地に向かうようにしてください。支援団体が各自保険に入っている場合もありますが、その多くは治療費の補償など当事者の負担をなくすことはできても、それ以上の保障はない場合も少なくありません。最近ではネットで即日加入できる保険もありますし、各地の社会福祉協議会の扱いで比較的安価な保険もあり、場合によっては無償で加入できる場合もあります。もちろん、皆さんが求める補償を十分にカバーできるとは限りませんから、内容は確実にチェックしましょう。

また、誰かに必ず行き先等を伝えておくことも必要です。私自身あまりボランティアに行くということを周りに言うのもな、と思っていたときもありますが、慣れない土地で、万が一、二次災害が発生した際に誰がそこにいたのかを把握できないのは非常に危険です。そうした意味でも、信頼できる人に伝えてから現地に向かわれることを強くおすすめします。

私自身は幸い今まで現地で大きな病気やケガを負ったり、負わせてしまったことはないのですが、結構な数の事故を見聞きしてきました。誰しも故意にそうした結果を引き起こしているわけではありませんが、慣れない土地、さらに気づかないうちに大きなストレスがかかっていたなど、いつも以上に事故が起きやすい環境であることは間違いありません。そのためにもやはり万が一の場合を想定して準備をしておくことが必要です。

子ども支援に行ってよい最低条件

せっかくボランティアに行こうと思ったのに、「最低条件」とはどういうことだと思われる方もいるかもしれません。ただ現実には先進諸国を中心に、ボランティアやインターンを含めて子どもに関わる職業には高い倫理観が求められたり、厳しい条件が付与されたりする場合が多くあります。

災害支援ではありませんが、私は二〇一七年から二〇二〇年までスコットランドの小学校で自身の研究に関わる調査活動を行いました。当時の私の調査方法は実際に学校に行き、子どもたちの日々の活動を記録し、分析するというものです。日本でいうところの教育委員会に依頼を出し、学校からの許可もいただいていたのですが、「PVGを持っているか」と調査承認の前に聞かれました。私の知る限り当時の日本では聞いたことのないものでしたが、よく聞いてみると過去の犯罪歴等を踏まえて「安全な人間」であることの証明でした（正式名称は The Protecting Vulnerable Groups（PVG）Scheme といいます）。幸いスコットランドの大学に所属していたため、すぐに書類を用意してもらえ調査は行えましたが、「このような証明が求められるのだな」と正直なところ驚きました。また、現在共同研究で訪問しているオーストラリアでは「Blue Card」というもので同様の証明が求められます。

日本においても、二〇二四年に「こども性暴力防止法」が成立し、その中に「日本版ＤＢＳ」（Disclosure and Barring Service：DBS）の創設が盛り込まれています。ＤＢＳとはスコットランドやオーストラリアの事例と類似のものですが、特に学校や保育園などでの就業を希望する人に対して、行政が性犯罪歴を確認することを義務づけているイギリスの制度です。スコットランドやオーストラリアのそれが広く犯罪歴を確認するのに対して、日本版ＤＢＳは性犯罪に限ったものですが、少なくともこうした履歴のある人は子どもに関わるべきではないと考えられるようになってきていると言えるでしょう。

残念ながら災害支援の現場では多くの人々が出入りし、子どもたちがトラブルに巻き込まれるリスクがゼロとは言えない状況があります。だからこそ、私は自身が関わる子ども支援では日本版ＤＢＳの創設に先んじて、犯罪歴等がないことをスタッフに誓約してもらい、それができない場合は参加をお断りしています。

セーフ・ガーディングとは

ではそもそもなぜ国内外で、子どもたちに関わる人々のバックグラウンドを確認するのでしょうか。言葉を選ばずにいえば、子どもは大人と比べて弱い立場に置かれているからです。大人にとっては些細な一言であっても子どもたちはひどく傷つくことがありますし、幼い頃の経験が大人になってもトラウマとして呼び起こされ、社会生活を営めなくなる場合もあります。こうしたことを踏まえれば、子どもたちに関わるにあたってまず保証されなければならないのは、子どもたちの安心であり、安全と言って間違いありません。

そうした子どもたちにとっての不利益をいかなる形であっても生じさせないようにする考えを、「チャイルド・セーフ・ガーディング（子どもの安全保護、以下セーフ・ガーディング）」といいます。日本ユニセフ協会によると、二〇一六年にユニセフ関係者すべてに対して「「子どもの保護とセーフガーディング（安全保護）」を促進する行動に関する方針」が出されています。また本稿執筆時点（二〇二四年九月）で確認できる最新の情報では、二〇二四年三月四日にユニセフからセーフ・ガーディングに関する文書が公開されています。この内容を簡潔に述べると、ユニセフ職員をはじめ子どもに関わるすべての人々は、子どもたちの主体性・自律性を重んじ、敬意を欠かさないこと、そして子どもたちに対する不利益（身体的な暴力や性的な搾取、児童労働など）が一切生じないように最善を尽くすこと、さらに万が一そうしたことが生じる可能性がある場合は速やかに報告と対策を講ずることが求められています。また管理立場にある人々は子どもの不利益が生じないように、スタッフに対して必要な情報を周知したり研修したりすることが求められます。そして、災害時や戦争下などの緊急事態においては子どもたちの不利益が生じやすいため、特に注意を要すると述べられています。

本書を手に取ってくださっている方はあてはまらないと思いますが、子ども支援をしていると言うと、「子ども相手は誰でもできるよね」というニュアンスのことを言われることがあります。要は、子どもたちの相手は簡単だと思われているのでしょう。しかし、むしろ子ども相手だからこそ、このセーフ・ガーディングをはじめ細心の注意を払って活動をすることが求められます。なお、いかに子どもたちに関わるのかというテクニックもないことはありませんが、それ以前にこうした子どもたちの尊厳を重んじる姿勢なく関わることは控えるべきであると私たちは考えています。

自分自身をケアできること

ここまで子どもたちの保護を最優先にするということをお話ししてきましたが、子ども支援に入るにあたって大事にしてほしいのは皆さん自身でもあります。正直なところ、子どもたちと関わるのは、多くの方にとっては想像以上に体力を使うものだと思います。私たちは支援活動のあと、毎日ふりかえりをしていますが、大体のスタッフが最初のうちに「思っていたよりも子どもが元気で(いい意味で)疲れた」とコメントをします。これが毎日続くと疲れが取れにくくなったり、ストレスが徐々に蓄積されたりします。自宅から支援に通っていない人は普段とは異なる環境で生活をすることにもなります。また、毎日被災家屋の状況などを目にすることで、自身気づかないうちにメンタルを磨耗させている場合も少なくありません。

だからこそ、被災地での子ども支援においては、子どもたちだけでなく、自分自身をケアできることが非常に重要なのです。自分自身の気分転換になる術を知っておく、必要な薬を持っていくなどをはじめ、何か普段であればしないようなミスが出てきたら思い切って休憩したり休んだりする、そういった未然予防の意識が大切です。また、少しでも体調が悪ければ無理はしない、それは身体的な面だけでなく精神的な面でも当てはまります。加えて、自分自身でのケアだけでなく、頼れる誰かがいるということも良いでしょう。電波が通じる前提ですが、電話で少し話してみるというだけで気が楽になる場合もあります。団体を通じてボランティアを行う場合は、団体内にそうした相談先が確保されていることが望ましいですが、確保されているケースはそこまで多くありませんので、不安であれば先に確認しておくのが良いと思います。

支援物資は必要か

ボランティアに来てくださる方の中には、たとえばお菓子やおもちゃを持ってきてくれる方もいらっしゃいます。けれども正直なところ、こうしたものが必要かと言われると、微妙な場合が多いです。お菓子であれば、アレルギーの関係で配れない場合もありますし、おもちゃも年齢によっては危険物になってしまうこともあります。少なくとも私たちは、ボランティアの方々が何を持ってきてくれたかは気にしませんし、子どもたちと一緒に過ごしてくれるのが何よりも大切なことだと思っています。

とはいえ、皆さんの中にはニュースや実際に現地の様子を見聞きする中で、「物資が足りない」「こんなものがほしい」という声を聞くこともあると思います。もし皆さんが物資支援を特にされたいのであれば、こうした声に耳を傾けながらニーズを把握し、お持ちいただくのが良いと思います。また支援団体が公開している「ほしいものリスト」などから、必要なものを寄付するというのも一案でしょう。

ちなみに、被災した人々へ緊急的な支援を行うための法律として災害救助法があります。この中で子どもたちへの支援として挙げられているのが「学用品の無償給与」です。一定の条件のもと、さらに一定額以下になりますが、学用品については行政による給与があります。また、能登半島地震の際には各自が使用していたタブレット端末が壊れたケースに対して、文科省がタブレット端末とWi-Fiを無償提供したこともありました。個人や支援団体と比べると行政による給与は時間がかかってしまいますし、ニーズに即応しているとは言い切れません。しかし、こうした制度があることを理解し、可能であればニーズについての情報提供を行政にしていき、さらには可能な限りスピード感をもって対応できるように提言していくことがひいては未来の子ども支援の充実につながるのではとも思います。

一方的に子どもの姿を想像しない

ここまでの話を踏まえると、子ども支援に来ていただくにあたって、何よりも知っておいていただきたいのはこれまでに示していることであり、しっかりそれらを踏まえて来ていただくということが何よりも助かります。

ただ同時にきっと、それだけで大丈夫なのだろうか？　と思われる方もいらっしゃるでしょう。ではなぜそのように思われるのでしょうか。それはきっと災害時の子どもたちの姿を想像し、自分にどのようなことができるのかと考えている（もしくは不安）からだと思います。先ほども紹介しましたが、私たちははじめて活動に参加してくれたスタッフの方に「来てみてどうでしたか？」とよく尋ねます。すると多くの人は「思ったよりも子どもたちが元気だった」「楽しかった」というように、もともとの想定よりもポジティブな印象を抱いたという反応をします。それは裏を返せば、災害時の子どもたちは元気でなく、またそうした子どもたちの支援を行うのは大変だと考えているのだと思います。

もちろん、自分たちにできることを考え、その準備を進めていくことは非常に重要です。ただあまりに考えすぎて結局「自分にできることはないのではないか」と考えて支援活動そのものへの参加を断念したり、過度に構えて臨んでしまって子どもたちとうまく信頼関係を築けなかったりしては元も子もありません。無策で飛び込んで来られるのも困るのですが、子どもたちの姿を一方的に想像するのではなく、現場を見て、体験して、自分の中での子ども像を作り上げ、できることを考えていただけたらと思います。

最新の知見にふれる

とはいえ、子どもたちと接する中で決してやってはいけないこともあります。例えば、子どもたちに災害の経験を語らせるべきか否かという議論があります。この問いについてはいくつもの研究が蓄積されており、私は「子どもたちが話し始めたらしっかり聞く」が、「無理やり子どもたちから聞き出そうとしない」という姿勢が大切だとスタッフには伝えています。何事においてのもそうですが、自分の話を聞いてくれる人がいるというのは安心材料になる一方で、どのタイミングで、また誰に話すかは人それぞれ異なります。そうした一人一人の選択を尊重する姿勢が必要です。

また、どのような関わりが良いのかというのは支援団体によっても異なります。ある支援団体の職員の方の言葉を借りれば、「ハサミを持つのも止める団体もあれば、ある程度のケガはむしろ経験と考える団体もある」という状況です。もちろん命に関わるような行動は止めなくてはいけませんが、判断に迷う大体のことはそうでない場合なので、難しいのです。

一方で、心理学や医学領域を中心に、災害時の子どもに関する研究は蓄積され続けています。ですので皆さんにはやはりこうした過去の知見にふれていただきたいと思います。「災害のことを語る」ということは少し前までは「話すことで楽になる」と考えられ、積極的に語ってもらう（もはや、「語らせる」）実践も存在していました。つまり、あるときの常識がその後の非常識になるということです。そのためには知識のアップデートを続けていくほかありません。良くも悪くも現代社会ではたくさんの情報にアクセスできますので、そうした研究知見をあらかじめ学んでおくことは非常に有意義です。また、一研究者としてはやはり、審査付き論文等のある程度の信頼性のある情報にあたっていただきたいと思います。

実際の支援の様子

続いて実際の子ども支援の様子を一つご紹介したいと思います。能登半島地震で行った子どもの居場所づくりの様子です。

一月一日に発生した能登半島地震は石川県中能登地域以北を中心に甚大な被害をもたらしました。とりわけ奥能登地域では、道路の寸断が発生したことで支援物資等の搬入も非常に難しい状況に陥りました。自衛隊をはじめとする公的な支援者が支障なく現地入りできるように、個人ボランティアを中心に、活動の自粛が求められたのも今回の特徴でした。

私たちは先行して現地調査に入っていた連携団体の情報をもとに、一月三日に物資を積んだ車でまず金沢市まで入りました。そしてその翌日から石川県七尾市の避難所で子ども支援に取り組みました。この支援スペースである「居場所」は、学校がある程度再開する二月一日までは毎日九時から一七時まで、その後は月曜日を休館日として四月七日まで学校再開の状況に合わせながら、ほぼ毎日開室しました。

やっていることはシンプルで、当該時間中に預かりを希望される保護者が子どもを連れてきて、希望する時間まで預かるというものです。また能登半島地震では広い範囲で断水が発生していたことから、お弁当などを持ってこられない家庭も多かったのですが、幸い避難所運営をされている方から子どもたちの分の食事も提供いただくことができ、希望する子どもたちに対してはお昼ご飯の提供もできました。新型コロナウイルスの感染対策も行い、定期的な換気と消毒を徹底し、幸い最後まで感染者を出さずに終わることができました。

子どもは居場所の中で宿題をやる子もいれば、スタッフと一緒に遊ぶ子もいます。災害直後はスタッフと一対一で喋ったり、プチブロックを組み立てたり、塗り絵をしたりと比較的少人数で過ごしている子どもが多かったように思います。ただ時間が経つにつれて子ども同士で遊ぶ割合が増えていきました（もちろんその分トラブルも増えるわけですが）。同時に感覚的には、災害直後の時期は落ち着きを失っている子どもも多く、時間の経過の中で落ち着いていったということも少なくありませんでした。よく災害時の「こころのケア」では時間とともに人々の心理的様子が変化するということが言われています（Zunih & Myers 2000）。詳しくは「災害　ハネムーン期」などで調べていただければと思いますが、子どもたちの様子も概ねこの変化を追いかけるものだと感じました。余談ですが、こうした理論は目の前の子どもたちを理解する枠組みとして使っていただくためのものであり、こうした変化をしていかない子どもが「異常」であったり「重点的な

タブレット学習を支援する.
(NPO 法人 ROJE 提供)

「居場所」で本を読む子どもたちと
支援スタッフ.（同）

ケアを要する」といったりするのではない点には注意が必要です（もちろん、専門家による重点的な支援が必要な場合もあります）。

では、こうした空間でスタッフは何をするのかというと、基本的には子どもの見守りや一緒に何かをするということが中心になります。特技があって、それを子どもたちに披露してくれる人もいますが、私たちとしては子どもたちがしたいことをするというのを大切にしていますので、まずは子どもたちに寄り添ってくださいとお願いをしています。ただ、そうであれば子どもたちと一緒にいればいいので簡単なことだというわけではありません。子どもたちがすぐに心を開いてくれるとは限りませんし、人見知りもします。長くいる人にはすぐに声をかけにいきますが、初めて来た人には子どもたちもすぐに声をかけるとは限りません。そのため私たちとしては最低でも四日程度は子どもたちと一緒に過ごして、自分がやれるかやれないかは判断してもらったらいいと思いますよ、と伝えています。ちなみに私自身も子どもたちと一緒に過ごすことが得意かと言われると、どちらかというと苦手です。管理者的立場で、また専門領域的に、保護者の方の子育て相談などに乗ることができるのでそちらに従事できますが、それでも少しずつ子どもたちと過ごす中で、いつの間にか抵抗なく一緒に過ごしています。

学習支援や学校支援も

能登半島地震の際には学習支援や学校支援にも取り組みました。特徴的だったのは、学校がオンラインで再開する際の支援です。学校の安全が確保できず、登校ができない中でも、コロナ禍での経験をもとにオンラインを活用した学校再開が行われました。ただ、子どもたちの中には家が崩れてしまうなどし家から参加できない子どもが一定数いましたので、私たちは先述の居場所の空間で、オンライン授業に参加するための空間を作り、機材トラブル等への対応もしました。こうしたオンラインでの学校再開には限界がありつつも、子どもたちにとってはオンライン上で先生や友だちの顔を見ることが確かに心の支えになっている様子もみて取れたことが印象的でした。

そのほかにも宿題を一緒に解いたり、受験勉強のお手伝いをしたりもしました。年始の発災であったため、受験生の追い込みの時期と重なってしまっていました。特に災害直後は他の地域も冬休みでしたが、時間が経つ中で被災地では学校が再開できず、保護者を中心に学習への不安も高まっていきました。こうした声に応えるためにも、様子を見ながら学習のスペースや時間を作り、支援をしていました。

学校再開後には学校への直接支援も行いました。具体的には三つの学校での授業中の支援や、放課後の預かり支援などです。本書のテーマは「災害時の子どもを支える」ですが、被災をしているのは子どもたちだけではなく、先生方もまた被災しています。そうした状況下にありながら、被災した子どもたちの様子をしっかり捉え、支えたいとおっしゃる先生が多く、少しでもそのお力になれればと思い、授業中の支援をしたり、特に気になる様子の子どもたちについては情報共有を積極的にしたりしました。また、通学路の安全が確保できない学校では、保護者による送迎を余儀なくされたケースもあり、同時に共働き世帯などではどうしても迎えにいけないため、保護者が迎えに来るまでの間、子どもたちを空き教室などで預かり一緒に保護者を待つということもありました。

学校と先生の力

本書を手に取ってくださっている方の中には学校の先生や教育行政の方もいらっしゃると思います。今回の能登半島地震の支援活動で個人的に印象に残っていることに、学校や先生の力の大きさがあります。先にも書きましたが、私たちは比較的早期から支援に入ったため、オンラインでの学校再開のお手伝いもしました。そうした中で、子どもたちが非常に楽しそうにその日の授業の話をしてくれたり、友だちの話をしてくれたりしました。やはり、子どもたちにとって学校は生活の中心であり、単に勉強をするだけでなく、さまざまな心理的安定を作り上げているものであると肌身で感じた瞬間でした。

他方で、先生方ご自身も被災されているケースがほとんどです。そうした中で、子どもたちのケアや安否確認を行うことは大きな負荷となりますし、決して無理はなさらないでほしいとも思います。とはいえ、東日本大震災のときには散り散りに避難した子どもたちのために教員が避難先の学校に訪問したり、つながりを持ち続けられるような工夫をされたりしました。全国的にも災害時の学校支援のしくみづくりも進んでいます。こうした地域外の教育行政や学校教職員の力も借りながら、学校再開を進めていければ理想的と思います。もちろんその際には民間の支援団体の力も借りていただければと思いますが、行政同士の連携と比較して心理的なハードルが高いとも思います。この点をどのようにクリアし、さまざまな人の力を借りることのできるシステムを作るのかということは私たちにとっても目下の課題です。

現地に行くだけが支援ではない

ところで、ここまで紹介してきた内容は基本的に現地に行って支援を行うということを前提にしています。しかし、それには金銭的な負担や移動に時間を要するために、皆が皆参加できるかというとそうではありません。

ではそうしたときにできることはないのでしょうか。まず「寄付」があげられます。災害直後から寄付の募集は行われますし、皆さんが応援したい活動に直接的に支援をすることもできます。ただし、本書では少し異なる視点から現地に行かない形での支援についてご紹介したいと思います。

先に紹介した能登半島地震での子ども支援活動では、私たちが現場にいる一方で、後方支援として多くの方にご協力をいただきました。例えば、災害時の支援制度のうち、子どもたちに関わるものだけに限定して紹介するウェブサイトを作成してもらったり、時が経ってから見返せるように、報道をもとに被災地の状況の変化を記録してもらったりしました。さらには、被災地入りして比較的早期に、「これは長期的な支援が必要である」と実感し、文部科学省やこども家庭庁の方との会議の機会をいただいたこともありました。

そのほかにも、能登半島地震の緊急支援では実現しませんでしたが、過去の災害ではオンラインを活用した学習支援も行い、その際には被災地外から多くの学生が支援をしてくれました。このときのポイントは、現地で支援にあたるスタッフがきちんとオンライン環境を整え、画面の中にいるスタッフと子どもをうまく「つなぐ」ことにあります。学習支援は学力はもちろんのこと、それ以外にも多くのスキルが必要とされます。しかし、子どもたちにとって知らない人にいきなり相談するということは簡単ではありません。同時に、うまく子どもとオンラインのスタッフをつなぐことができれば、その場にいなくとも、現地スタッフとして子ども支援を担ってくれる人材を確保することができます。こうした取り組みに参加することで、被災地に行かなくても、災害時の子どもを支える担い手になりうるのです。

中長期的な関わりを

さて本章の最後に、災害時の子ども支援を進めていく中で、中長期的な関わりをめざしてほしいということをお伝えしたいと思います。というのも、災害直後には本当に多くの、そして多様な支援者が被災地を訪れます。ただ、残念なことに時間の経過とともに報道もされなくなり、そうした支援者もどこかに行ってしまいます。もちろん、支援を続けるためにはさまざまな資源が必要となりますし、復旧・復興が進んでいく中で「いつまでやるのか」と考えていくのは必要です。しかし、殊に子どもたちにとって、どんどん支援者がいなくなっていくという経験は寂しさも伴いますし、災害を契機に遅れてしまった学習への対応はむしろ少し時間が経ってからでないと支援を受ける気にもならないということもあります。そのため、同じことを続けてほしいというよりも、きちんと時期や子どもたちのニーズに応じてできる支援活動を続けていき、子どもたちにとって災害時の不安や経験に寄り添い、また対応してくれる人がいるんだよということを伝え続けるのが大切だと思っています。以下、私たちＲＯＪＥが東日本大震災と能登半島地震の被災地で続けている活動を簡単に紹介します。

東日本大震災被災地支援(福島県南相馬市)での取り組み

私たちが被災地支援を行っていくきっかけとなったのは、東日本大震災です。と言いつつも、子どもたちに継続的な支援をはじめたのは二〇一四年以降です。当時は災害直後の子ども支援の必要性を十分に理解できていなかったということもありますし、原発事故の避難地域での活動を進めて良いのか判断できなかったという理由もあります。

現在行っているのは、子どもたちへのキャリア教育の提供と学習支援、学校ボランティアなどです。原発事故により地元の産業が変化を余儀なくされたり、地域の職業が減ってしまったりしている状況があり、それに対して子どもたちのキャリアを考える支援をしています。開始当初は、地域から子どもが流出するだけではないか、というご意見をいただくことも多くありましたが、現在は参加者も増え続けるなど、一定程度、必要性に応えられているのかなとも考えています。

この活動で大切にしているのは、単に子どもたちがキャリアを考えるだけでなく、その考えたキャリアを支えていけるように継続的に学習支援をしたり、学校ボランティアに入ったりする、つまり、先にも書いたように子どもたちとつながり続けることです。南相馬市には大学がないため大学生がいないこともあり、ボランティアの人は地域外からの参加で常駐はできていませんが、継続的な関わりを意識しながら活動を続けています。

能登半島地震被災地に対する取り組み

能登半島地震の被災地では、最初から活動を行っていた七尾市を中心に子ども支援活動を継続しています。避難所は閉鎖されましたが、子ども支援の様子を見て、ぜひ継続をというお声がけをいただき、地域の保育園で週一回ですが継続しています。とはいえ、ＲＯＪＥの拠点は関東・関西にありますので、週一回でも継続するのには時間的にも金銭的にも負担が小さくありません。そのため、私たちだけで担うのではなく、石川県内の大学生にも参加してもらい、徐々に現地への移行を進めています。もちろん私たちが行かなくなるということではありませんが、持続可能な形を模索しているところです。

またこれに加えて、大学が多くある金沢市に拠点を設け、子ども支援に関心のある大学生が集い、お互いにエンパワメントできる空間づくりを始めています。というのも、私たち自身も学生のときに同じような関心をもつ他大学の学生と出会えたという経験が今の活動につながっていると感じているためです。これはまだ仮説に過ぎませんが、コロナ禍を契機に学生たち同士の関係

南相馬での子ども支援のようす.
(NPO 法人 ROJE 提供)

性の形も変化していますので、どうなっていくかはまだわかりませんが、少しでも同様の想いを持った学生をエンパワメントし、復旧・復興の少しでも手助けになることをめざしています。

参考文献

Zunih, L. M., & Myers, D. 2000, Training manual for human service workers in major disasters (2nd ed.). DHHS Publication no. ADM 90-538. Washington, DC: Department of Health and Human Services, Substance Abuse and Mental Health Services Administration, Center for Mental Health Services.

第四章　子どもを支える――未来へ

さて、ここまでの議論をふまえて本章ではこれからの未来を展望し、どのようにして災害時に子どもたちを支えていくのかということを考えていきたいと思います。本書に書いたこと以外でも必要とされる手立てはたくさんあります。さらにこれらを実現したからといって、災害時に子どもたちが抱える困難が速やかになくなるということでもありません。しかし、本書から導きだされるいくつかの論点をご紹介し、災害時の子どもたちを支えるために何が必要か、そうした議論を起こすことこそが、子どもたちの権利保障に向けた第一歩になるとも思っています。

災害時の子どもの権利保障の認知を高める

まず、本書の刊行に至った経緯でもありますが、災害時に子どもたちがどのような立場に置かれてしまうのか、またそうした中でも子どもたちのさまざまな権利は保障されなければならないという共通認識を社会全体でもつことが必要です。子どもに限らず被災地では多くの人が危機的な状況に置かれ、普段通りの生活を送ることができなくなりますし、そうした状況を自身で改善するための力をもっているかというと、それは人の属性によって大きく異なります（第一章で述べたヴァルネラビリティの考え方と基本的には同じです）。そうしたときに、より不利な状況に置かれやすいのはどのような人々かを知っておくことは非常に大切です。

実は災害時に不利な状況に置かれやすい人たち、つまり支援を必要とする人たちについては「要配慮者」という形で行政や所によっては自治会などでも名簿が作成されています。ただし、どういった人たちがこの名簿に載っているかは地域や本人の意思によっても異なります。例えば横浜市の資料によれば、一般的に要配慮者には乳幼児が含まれてはいますが、「自力で避難ができない人」という観点に立ち、介護を必要とする人や障害のある人に限定して名簿を作成していると述べられています（横浜市 二〇二〇）。乳幼児を含めた子どもたちへの支援が不要と考えられているわけではないでしょうが、それでも優先順位は相対的に低く置かれていると見ることもできます。

また、内閣府が平成二八（二〇一六）年に公開した避難所運営ガイドラインにおいても「女性・子供への配慮」が明記されている一方で、その中身を読むと、女性と子どもが一体的に捉えられていることが伺えます。キッズスペース（子供の遊び場）の設置の検討が求められていますが、なぜか「女性における衛生面・保安面に配慮を実施する」ためのものとされています。こうした女性と子どもが一体として捉えられていることの問題点は一章でも述べてきた通りですが、本来的には子どもたちの権利は保護者にかかわらず保障されなければならず、このことが十分に認知や周知がなされているとは言えない状況にあると言えるでしょう。

こうしたことを踏まえれば、特に避難所生活を余儀なくされた際に子どもたちの権利が十分に保障されるとはいえず、改善される必要があることは間違いありません。また子どもたちの遊ぶ権利や学ぶ権利が守られないことは、子どもたちにとっての居場所がなくなってしまうと言っても過言ではありません。そうした環境下に置かれてしまっては、子どもの中には騒いでしまう子もいるでしょう。結果として保護者が肩身の狭い思いをし、避難所の中にいづらくなり、車中泊などを余儀なくされることも少なくないように感じています。また、騒ぐなどしない子どもについても、それがすなわち困難を抱えていないとも言い切れません。むしろ、自身の困り感などを発言することさえも妨げられているといえるでしょう。避難所運営ガイドラインや類似の文書を、こうした子どもたちの権利の観点に基づいて見直すことは喫緊の課題であると私は感じています。

法整備は必要か

また、必要なことの議論を進めていく上でしばしば俎上に載ることに、法整備の必要性があります。災害時の子どもたちに対する支援は不十分であるということは間違いありませんが、法整備でそれが解決されるのかには少し疑問があります。というのも、例えば東日本大震災のあとに「子ども・被災者生活支援法」が施行されました。本法は原発事故が健康面も含めて子どもたちに与える影響が十分に解明されていないことを認めた上で、子どもへの配慮を行うことを定めた法律です。私はこの原発事故への影響を見通せないという事実を国が認めた点で非常に画期的なものであったと考える一方で、この法律を根拠に何か大きな動きがあったかと言われると、あくまで肌感覚の域を出ませんが、そのようなことはないようにも思います。

さらに、先述の通り、災害時に真っ先に適用される法律が「災害救助法」です。この中に、子どもたちの権利を今以上にしっかり位置づけていくということも考えられます。ただし、現行の災害救助法であっても、その基本原則に含まれる「必要即応の原則」に従えば、子どもの置かれている状況に合わせて対応することは不可能でないようにも思います。私たちは法律の専門家ではないので、現行の法制度で問題ないと断言はできませんが、同時に今の法制度では子どもたちの権利を絶対に保障できないとも言い切れません。むしろ、まずは災害時であっても子どもの権利を守っていかないといけないという認識を広げていくことで、法律の改正等が必要か否かを考えていただくことが先決であると考えています。

こども家庭庁・文部科学省の存在感

本書で中心的に取り上げている能登半島地震は、二〇二三年四月のこども家庭庁の発足以降、初の大規模地震災害でした。同庁は「こどもまんなか社会」の実現を目的としており、能登半島地震発災直後は、障害児・者に関する通知を速やかに出したほか、子育て支援に関する通知等を発出しています。ただし、この発災直後の通知は、障害児をはじめとする特定の属性をもった人々、特に先に述べた「災害時要配慮者」として真っ先に想定される子どもたちであり、厚労省所管であってもその対応はあまり変わらなかったのではと想像します。

しかし、発災後一週間程度で私たちも含め現地で子ども支援にあたっていたメンバーにヒアリングの依頼があり、その冒頭で担当者から言われたのが「こども家庭庁にできること、求めることがあったら何でも言ってほしい」ということでした。今思えば、できたばかりの組織だからこそ、ここから支援体制を作っていこうという姿勢があったのでしょうか。現場で起こっていることを聞き、その活動を支えるための行政的支援を検討していこうという姿勢を見せてくれることは私たちにとっての支えにもなりましたし、どこまで影響したかはわかりませんが、少なくともその後、子どもの居場所の確保の呼びかけや臨時的な補助金の発表等があり、金銭的にはもちろんですが、精神的にも非常に頼もしく思ったことを覚えています。

こうした具体的経験から、こども家庭庁が設立されたことで、災害時の子どもの居場所づくりに向けた確かな支援はなされるようになったと感じています。もちろん補助金の申請の手続きが必要なことや申請時に法人格が必要など課題もありますが、今後は臨時的なものではなく、こども家庭庁が災害時の子どもたちを支えるための支援施策等を打ち出してくれればと思っています。

同じく文部科学省も、災害時であっても子どもたちへの学習支援や体験活動が実施できるように補助金を出しています。私たちの活動の一部でも利用させていただいていますが、既存の補助金をより広範囲に適用できるようにしたためか、必ずしも災害発生時に必要とするもの（生活必需品など）すべてをカバーすることはできないように感じています。とはいえ、文部科学省の補助事業であるがゆえに学校現場や教育行政との連携が取りやすくなるというケースも少なくなく、金銭以外の側面も含めて、国からの支援というものの重要性は強く感じています。

カリキュラム・オーバーロードという潜在的課題

先ほど私たちは法律の専門家ではないと書きましたが、同時に学校教育等について不十分ながら研究を進めてきた中で、学校教育の余裕のなさによって色々な問題が生じていると感じています。この余裕のなさは、もちろん先生方の働き方などにも見出すことができますが、カリキュラムの問題も多分にあると感じています。カリキュラムとは非常に簡潔に述べれば、「何を、どのように学ぶのか」ということです。そして日本に限った話ではなく、世界的にこのカリキュラムの過積載（オーバーロード）が起こっていると言われています。

二、三章では、災害時の子どもを支えるための学校の力について紹介しました。ただ学校の先生も被災していることがほとんどであり、そうした中で学校再開を急いだり、再開後に学習の遅れを取り戻すために無理をしたりするのは、結果として大きな歪《ひず》みを生んでしまうのではないかと危惧しています。むしろ少しずつ日常を取り戻していくことが必要ですし、そのスピードは子ども一人ひとりで異なります。しかし、カリキュラムが詰め詰めであるがために、ゆっくり進めるどころか、遅れを取り戻さなければならなくなるわけです。本書を執筆している二〇二四年秋現在、次期学習指導要領改訂に向けた動きの中で、少しずつこのカリキュラム・オーバーロードの問題は取り上げられてきていますが、その多くは教員の働き方改革の文脈で語られています。カリキュラム・オーバーロードを解消していくことは、実は災害時の復旧過程を考える上でも重要であるという認識が広がり、議論がより進んでいくことを願っています。

「学びを止めない」への違和感

カリキュラムの話をしたので、もう少し学習の問題について書きたいと思います。能登半島地震が発生したあと、どこからともなく「学びを(、)止めない」というスローガンが現れました。これはコロナ禍から言われるようになった言葉で、能登被災地においても「学びを止めない」ためにタブレット端末を活用した学校再開などが行われました。

先ほどの記述と矛盾するようにも思われるかもしれませんが、私は被災後の学校再開に向けた動きは迅速に行われるべきと考えています。それは単に子どもたちの勉強が遅れる可能性があるからというよりも、子どもたちの生活の中心にはやはり学校があるのではと思っていることによります。コロナ禍の急な一斉休校はまだ記憶に新しいですが、その際に宿題等を配布することで対応するという現実に大きな批判が出ました。それは、学校が子どもたちに勉強を教えるためだけに存在するのではないと皆が知っていたからではないでしょうか。

話を戻します。コロナ禍の際に教育学者の鈴木大裕氏は次のように「学びを止めない」スローガンへの違和感を述べていました。

でも、学校の閉鎖でいとも簡単に止まってしまう学びとはそもそも何なのか。コロナ危機があぶりだしたのは、そんな従来の教育の「脆弱さ」だったのではないだろうか。(中略)どう対処するかといえば、中止になった受験教科を補えば良い、となる。学校を再開できないのならオンラインに移そう。それも無理ならとりあえずは子どもたちに教科書を家で勉強させ、宿題を提出させよう(とする)。(中略)子どもたちが学んでいないと心配した大人たちは、逆に今度は子どもたちの時間を勉強ばかりで埋め尽くし、子どもたちが生きる余白をも奪おう

としている。(鈴木大裕「コロナ支配下で考える「生きること」「学ぶこと」」、括弧は筆者補足)

災害は毎年のように起こっています。また、鈴木氏が指摘するようにコロナ禍は教育の脆弱性を浮き彫りにしました。そうした脆弱性を有しながらも、狭義の「学びを止め」ることは許されず、さまざまな余白を埋め尽くしてしまうことは、先ほども述べたように、教員へも子どもへもポジティブには働かないのではないか。学習の遅れを取り戻すために、長期休み期間中に補講をするといった対応も諸外国ではなかなか見られず、日本の独自的なものだという指摘もあります(園山ほか 二〇二一)。少し大きな話になってしまいますが、近年ではテストでは測れない、いわゆる非認知能力への注目も集まっています。さらには災害時に子どもたちは何も学んでいないのか、この災害時の子どもを支えるという点において考えなければならないように思えます。

学校再開に向けた外部からの支援体制

さて、私は先ほど学校再開に向けた動きは迅速に行われるべきと書きました。しかし、重ねてになりますが、学校の先生も被災している場合がほとんどです。そのため、学校再開についても、被災地の学校や教育委員会のみにその責任が帰されてしまうことは避けなければなりません。

これまで兵庫県や岡山県、宮城県などが各地の教育委員会主導で災害時の学校再開支援チームを被災地に派遣し、大きな貢献をしています(第二章)。私も能登半島地震の際には、他県からの支援チームが来てくれたことでさまざまに助かっている、という声を聞きました。その中でも特に印象的なものとして、子どものことや学校教員として大切にしたいといった信念に関わることなど、やはり学校の教員同士だから相談できることや共感してもらえることがあり、相談がとてもしやすかったという話がありました。こうした学校教職員の派遣のしくみが学校再開を支え、ひいては子どもたちを支えることは間違いないように思います。

実は現在、いくつかの都道府県で兵庫県等の先進事例をもとに、学校再開支援チームを作ろうという動きがあります。私(伊藤)の所属がある京都府もその一つです。京都府は能登半島地震の際に私たちが活動していた七尾市を中心に支援に入られており、現地でも京都府ないし京都市と表記された服を着ている人によく会いました(なお、全員が教育関係者ではなく、それぞれの分野に応じた支援をするために多くの人々が現地にいました)。ただ、学校再開に特化した派遣のしくみがなく、色々な苦労をされたとのことです。一方で、同じく七尾市に入っていた岡山県は過去の水害の経験から学校支援チームのしくみがあり、速やかに支援に入ることができていた様子を見た京都府教育委員会の職員が「これは京都府にも必要だ」と強く感じ、その体制構築に向けた動きを急速に進めているといいます。

具体的には、共に七尾市に入っていた岡山県の研修会に京都府も参加をしたいと依頼をし、二〇名以上の職員が岡山に行き研修を複数回にわたって受けているといいます。岡山県の研修担当者は、実際に自身が学校管理職のときに水害に遭い、学校再開の重要性を感じるとともに、他県からの支援に助けられた経験から学校支援チームを作り上げた方だといいます。そうした実体験に基づく話を聞く中で、京都府の方も自分ごととして捉え、チームの早期構築に向けて動きを進めています。また私にとって印象的だったのは、京都のある先生が、この構想を耳にしたときにお話しされたという「助けに行く側としてだけでなく、もし自分たちが被災したらどのように支援を受け入れるかということも考えないといけない」という言葉です。確かに、被災しながらもいかにして支援を受けるのかということは非常に重要であり、そのためにはまずは日頃から他地域の教育行政同士のつながりを作ったり、災害発生時の受け入れに向けた訓練などに取り組んだりすることが必要でしょう。

また文部科学省も能登半島地震を経て「被災地学び支援派遣等枠組み」（通称 D-EST）を構築しようとしています。いわば、先の京都府のような動きを支援していくという枠組みです。今回は私の身近なところで京都府の事例をご紹介しましたが、日本中でこうした動きが進んでいくことで災害時の子どもを支える力が高まっていくことが期待されています。

参考文献

鈴木大裕「コロナ支配下で考える「生きること」「学ぶこと」」『教育』八月号、五四―五五頁、二〇二〇年。

園山大祐・辻野けんま・有江ディアナ・中丸和「国際比較に見る COVID-19 対策が浮き彫りにした教育行政の特質と課題――フランス、スペイン、ドイツ、日本の義務教育に焦点をあてて」『日本教育行政学会年報』四七、二五―四五頁、二〇二一年。

横浜市健康福祉局「共助による災害時要援護者支援の手引き」二〇二〇年（https://www.city.yokohama.lg.jp/kenko-iryo-fukushi/fukushi-kaigo/chiikifukushi/yogoshien/saigai_r2tebiki.files/r2.kyouzyonotebiki.pdf）

おわりに

本書では、「災害時の子どもを支える」をテーマに、子ども本人だけでなく家庭（保護者）や学校が抱える困難、またその困難に対してどのような支援が可能かということを考えてきました。もちろん、本書に記したことだけで災害時の子どもたちの権利が守られるとは言えません。しかし、少しでも災害時の子ども支援が充実し、権利保障に向けた動きを進める呼び水になればと思っています。実は私たちが災害時に子どもの居場所を作れるか否かは、その避難所等に、子ども支援の重要性や必要性を理解してくれる人がいるかどうかによってほぼ決まります。災害が起きないに越したことはありませんが、起きた際に子どもたちのことを考えてくれる人が一人でも増えれば、筆者としてはこれに勝る喜びはありません。

本書の執筆は被災しながらも子ども支援活動の申し出を受け入れ、場所の提供をはじめさまざまな協力をしてくださった方々をはじめ、普段から連携していただいている皆さん、調査協力者の皆さんのお力添えなくしては実現しませんでした。特に、認定ＮＰＯ法人カタリバのｓｏｎａｅｒｕチームの皆さんとはいつもご一緒させていただいています。また、本書で中心的に取り上げている能登半島地震発災後の子ども支援活動にあたっては、筆者二名も理事を務めているＮＰＯ法人ＲＯＪＥのスタッフ、学生ボランティアの皆さん、私の前任校と現任校で呼びかけに応じてくれた学生の皆さん、支援者公募に応募くださった皆さんのお力をお借りしました。さらに各種機関との連携や情報提供等といった後方支援を日本ＯＥＣＤ共同研究の一環として実施いただきました。また、物資や寄付等をくださった方、助成金・補助金を出してくださった官公庁・財団・団体にもお礼申し上げます。最後に、災害時に子どもが置かれている状況を伝え、どうにか支援の充実を図りたいという私たちの提案に応えて、出版を実現してくださった岩波書店にお礼申し上げます。

伊藤 駿

1993年生まれ．京都教育大学教育創生リージョナルセンター機構総合教育臨床センター講師．博士(人間科学)．専門はインクルーシブ教育，災禍の教育学．NPO法人ROJE理事．著書に，『インクルーシブな教育と社会——はじめて学ぶ人のための15章』(共編著，ミネルヴァ書房)，『インクルーシブ教育の比較社会学——スコットランドと日本の事例から』(単著，ナカニシヤ出版)，『インクルーシブ教育ハンドブック』(共監訳，北大路書房)など．論文に「震災が仕事に与えた影響とその帰結としての意識変化に関する社会学的考察——東日本大震災の事例から」(『自然災害科学』38巻S06号)など．

中丸 和

1996年生まれ．大阪大学大学院博士後期課程．日本学術振興会特別研究員．東京大学大学院情報学環総合防災情報研究センター特任研究員．専門は災害と教育，教育学，子ども支援．NPO法人ROJE理事．論文に，「原発事故被災地における学校を核とした地域コミュニティの再生とはいかなるものか——学校再編の検討過程で表出する学校と地域の関係性の捉えられ方に着目して」(『日本災害復興学会論文集』22号)，「災害時に学齢期の子どもとその家庭が直面する困難はいかなるものか——豪雨災害直後の被災地域の子どもを取り巻く環境に着目して」(伊藤との共著，『自然災害科学』43巻S11号)など．

現場発 災害時に子どもを支える
—私に、あなたにできること

岩波ブックレット 1105

2025年3月5日　第1刷発行

著　者　伊《い》藤《とう》 駿《しゅん》　中《なか》丸《まる》 和《なごみ》

発行者　坂本政謙

発行所　株式会社 岩波書店
〒101-8002 東京都千代田区一ツ橋2-5-5
電話案内 03-5210-4000　営業部 03-5210-4111
https://www.iwanami.co.jp/booklet/

印刷・製本　法令印刷　　装丁　副田高行　　表紙イラスト　藤原ヒロコ

ISBN 978-4-00-271105-8　　Printed in Japan